GRILL FEST

Silke Kobr   Sabine Mader   Ulrike Schmid

GRILL FEST

Sommermenüs von Dolce Vita bis Fiesta Mexicana

AT Verlag

ALPENGLÜHEN

FIESTA MEXICANA

TOUR DE FRANCE

MITTSOMMERNACHT

DOLCE VITA

1001 NACHT

ROUTE 66

GÖTTLICHES GRIECHENLAND

ACHT KOSTBARKEITEN

INHALT

VORWORT

Liebe Leserin, lieber Leser!

Schön, dass Sie sich für dieses Buch entschieden haben – ein langer und schöner Sommer mit vielen Stunden am Grill liegt hinter uns, und hoffentlich liegt ein genauso langer Sommer vor uns. Voller schöner Momente, voller fröhlicher Feste und kulinarischer Abende mit Freunden und Familie. Unsere Lieben haben den letzten Grillsommer sehr genossen. Ständig wurde überlegt, ausprobiert und gegrillt.

Das Resultat liegt vor Ihnen: Sie finden in diesem Buch 9 Themenbereiche von »Dolce Vita« bis »Fiesta Mexicana« mit insgesamt 99 Rezepten rund ums Grillen beim Sommerfest im Garten oder auf dem Balkon. Wir wünschen Ihnen Spaß und Freude damit. Die Rezepte jedes Kapitels lassen sich immer beliebig miteinander kombinieren. Sie finden Vorspeisen, Fleischgerichte, Fischgerichte, Brote, Dips, Salate, Desserts und dazu passende Getränke, die Sandra Tober, Sommelière und Restaurantmeisterin, für uns ausgesucht hat. Sie können, Sie müssen sich aber nicht verbissen daran halten – es sind Anregungen, die Sie nach Herzenslust variieren, kombinieren und verändern sollen. Und das gilt natürlich auch für die Rezepte selbst. Sie mögen keinen Knoblauch, aber das Rezept beinhaltet welchen? Dann lassen Sie ihn weg. Nehmen Sie sich die Freiheit, Zutaten zu ersetzen oder zu variieren.

Denn Grillen heißt auch immer Experimentieren. Mal ist mehr Kohle im Feuer, mal die Außentemperatur anders, mal zieht ein Sturm auf: Die Bedingungen sind niemals gleich, und einen Temperaturregler suchen Sie am Holzkohlegrill ohnehin vergebens. Zum Glück! Nutzen Sie die Freiheit, die sich Ihnen bietet! Wir wünschen Ihnen viel Spaß und guten Appetit!

Silke Kobr
Sabine Mader
Ulrike Schmid

Feurige Tipps zu Grill und Glut

WELCHES IST DER RICHTIGE GRILL?

Bevor es richtig losgeht mit dem Grillen, sollte man sich einige Gedanken über den richtigen Grill machen. Holzkohle-, Gas- oder Elektrogrill? Alle drei haben ihre Vorteile und auch ihre Nachteile.

Für sämtliche Grillarten gilt:

- Die Anschaffung eines qualitativ hochwertigen Grills lohnt sich.
- Achten Sie auf eine robuste Ausführung des Grills, wacklige oder schiefe Teile sprechen nicht für gute Qualität und können gefährlich werden.
- Überlegen Sie gut, welche Grillgröße für Sie die richtige ist:
  - Wie viele Personen »begrillen« Sie für gewöhnlich?
  - Bietet der Grill auch genügend Platz zum indirekten Grillen?
  - Haben Sie einen geeigneten Platz (mit genügend Abstand von brennbaren Materialien usw.), um den Grill gefahrlos betreiben zu können?
- Der Grill sollte einen Deckel haben.
- Bedenken Sie, dass auch ein Grill gereinigt werden muss, je einfacher das geht, desto besser.

Welcher Grilltyp sind Sie?

Wollen Sie ganz spontan zum Abendessen ein paar Scheiben Gemüse auf den Grill legen? Dann ist ein Gasgrill, der sofort einsatzbereit ist, die beste Alternative. Oder sind Grillabende bei Ihnen immer langfristig geplante Aktionen? Dann ist ein Holzkohlegrill für Sie richtig. Sie haben nur einen kleinen Balkon, und der nächste Nachbar sitzt direkt daneben? In diesem Fall empfiehlt sich wohl eher ein kleiner elektrischer Tischgrill.
Auf jeden Fall gibt es für jeden Grilltyp den passenden Grill. Sie müssen nur herausfinden, welcher der richtige für Sie ist.

Holzkohlegrill

Die ursprünglichste Art des Grillens ist die über Holzkohle. Diese Methode erfordert allerdings etwas Zeit. Zum Anheizen und Durchglühen der Kohlen muss man etwa eine halbe Stunde rechnen. Erst wenn die Holzkohle mit einer feinen weißen Ascheschicht bedeckt ist, gibt sie die volle Hitze ab. Einen Holzkohlegrill können Sie mit Holz, Holzkohle oder Holzkohlebriketts betreiben. Am einfachsten in der Bedienung sind Holzkohlebriketts. Sie sind einheitlich geformt, gleich groß und garantieren ein gleichmäßiges Glutbett. Holzkohlebriketts halten auch meistens die Hitze länger als normale Holzkohle, was vor allem bei großen Fleischstücken, die über längere Zeit bei geschlossenem Deckel gegrillt werden, von Vorteil ist, da so kein Brennstoff nachgelegt werden muss.

Zum Anzünden der Holzkohlebriketts bietet sich ein Anzündkamin an (siehe Seite 15). Das Durchglühen der Kohlen dauert damit nur halb so lange wie normalerweise. Holzkohle lässt sich ähnlich einfach verwenden wie Holzkohlebriketts und hat zudem den Vorteil, dass sie im Einkauf meist günstiger ist als diese.
Ein mit Holz betriebener Grill mag zwar eine romantische Note beisteuern, birgt allerdings einige Nachteile. Ein Feuer aus Holz verursacht erst mal eine Menge Rauch und Flammen.
Bis es heruntergebrannt ist und die Glut die nötige Hitze abgibt, kann es durchaus eine Stunde und länger dauern. Reicht die Glut nicht zum Garen des Grillguts aus, muss noch einmal angeheizt werden. Mit Holz zu grillen ist daher etwas umständlich und bietet sich am ehesten noch für ein gemütliches Stockbrotgrillen an.

Gasgrill

Der große Vorteil des Gasgrills ist neben der schnellen Einsatzfähigkeit die einfachere Temperaturregulierung. Die Temperatur ist schnell und stufenlos steuerbar, und die Hitze kann über einen beliebig langen Zeitraum konstant gehalten werden. Ein weiterer nicht zu unterschätzender Vorteil ist, dass es kaum Rauchentwicklung gibt, was bei schlechtem Wetter auch die Möglichkeit birgt, einmal etwa in einer offenen Garage oder einem Unterstand zu grillen. Moderne Gasgrills haben eine sogenannte Piezo-Zündung, die auf Knopfdruck einen Funken abgibt und damit das Gas entzündet.
Wenn man den Gasgrill richtig vorheizt, lassen sich dieselben köstlichen Ergebnisse erzielen wie auf einem Holzkohlegrill.

Elektrogrill

Vergessen Sie erst einmal alles, was Sie zum Thema Elektrogrill jemals gehört haben. Es gibt seit einigen Jahren sehr gute Elektrogrills, deren Grillergebnisse sich wirklich sehen lassen können. Voraussetzung für den Betrieb eines elektrischen Grills ist natürlich ein Stromanschluss.
Das Aufheizen dauert zwar eine Weile, aber ist die richtige Temperatur erst einmal erreicht, kann sie ähnlich wie beim Gasgrill über längere Zeit konstant gehalten werden. Ein klarer Vorteil des Elektrogrills ist, dass er bei schlechtem Wetter sogar in geschlossenen Räumen betrieben werden kann.

GRILLMETHODEN, GRILLTECHNIK UND PFLEGE

Direktes Grillen

Bei dieser Art des Grillens liegt das Grillgut direkt über den glühenden Kohlen beziehungsweise der Hitzequelle und wird bei hoher Temperatur (250 °C) gegart oder gebraten. Geeignet sind dafür Stücke, die eine kurze Garzeit haben, wie zum Beispiel zarte, dünn geschnittene Fleischstücke, Rindersteaks, Kalbsmedaillons, Lammsteaks, Putenschnitzel, Fleisch- oder Gemüsespieße. Am besten sind die Resultate beim direkten Grillen, wenn man den Grill in verschiedene Hitzezonen einteilt. Auf der einen Seite bringt man mehr Kohlen zum Glühen, dort kann man das Grillgut (Fleisch) bei großer Hitze anbraten. Auf der anderen Seite liegen weniger glühende Kohlen und die Temperatur ist niedriger; hier kann das Fleisch fertig gegart werden bzw. ruhen, Gemüse und Früchte sanft gegrillt oder Brot geröstet werden.

Indirektes Grillen

Mit dieser Methode wird ein größeres Stück Fleisch, zum Beispiel ein ganzes Hähnchen oder ein Roastbeef, ganz langsam durch indirekte Hitze gegrillt. Voraussetzung dafür ist ein Grilldeckel. Im Gasgrill schaltet man dafür einen der Brenner aus und legt das Grillstück in diesen Bereich. Im Holzkohlegrill schiebt man die Kohlen nach links und rechts zur Seite, platziert dazwischen eine Tropfschale und legt das Fleisch auf den Rost darüber. Geeignet für größere Bratenstücke, dicke Spareribs, besonders dicke Koteletts, ganze Entenbrüste oder ganze Hähnchen.

Grillpflege

Auch ein Grill braucht Pflege, deshalb sollten Sie den Grillrost vor und nach jedem Gebrauch mit der Stahlbürste gründlich abbürsten. Am besten lösen sich Grillreste, wenn man den Rost im heißen Zustand abbürstet. Daher entweder gleich nach dem Grillen den noch heißen Rost mit der Bürste reinigen oder vor dem nächsten Einsatz den Grill gut aufheizen und dann die Verunreinigungen abbürsten. Bei starker Verschmutzung müssen neben dem Rost auch die anderen Teile des Grills gereinigt werden. Der Deckel sollte regelmäßig von Ruß und Schmutz befreit werden. Auch der Brenner und die Fettauffangschale eines Gasgrills sind regelmäßig mit warmem Wasser und Spülmittel zu reinigen.
Für eine grundlegende Reinigung beachten Sie die Herstellerhinweise.

Grillhelfer

Eines der wichtigsten Utensilien ist die **Grillzange**. Besser sind sogar zwei Zangen, eine für rohes und eine für das gegarte Grillgut. Gut geeignet sind auch große Küchenpinzetten. Für empfindlichere Stücke wie Hamburger oder Fisch benutzt man besser einen **Grillwender**. Idealerweise sollte er aus Edelstahl sein, einen langen Griff und eine breite Hebefläche haben. Eine **Stahlbürste** leistet gute Dienste bei der Reinigung des Grills. Sie sollte einen möglichst langen und stabilen Stiel haben.

Auch eine **feuerfeste Schaufel** ist kein Luxuszubehör, sie leistet gute Dienste beim Verschieben der Holzkohlen oder Ausräumen der Asche.
Ein **Anzündkamin** vereinfacht das Anheizen des Holzkohlegrills beträchlich. Dies ist eine Investition, die sich wirklich lohnt. Achten Sie aber in jedem Fall darauf, dass das Fassungsvermögen des Kamins ausreichend groß ist.
Last but not least braucht es **Grillhandschuhe**. Auf die sollten Sie nur verzichten, wenn Sie Hände aus Stahl haben.

Grillen unterwegs

Mit einem kleinen, tragbaren Grill oder ganz einfach am Lagerfeuer kann man auch unterwegs grillen. Etwas Improvisationstalent ist dann gefragt, aber eigentlich brauchen Sie nur eine mit Steinen eingefasste Feuerstelle und einen Grillrost. Lassen Sie das Feuer gut herunterbrennen, bevor Sie das Grillgut auf den Rost legen. Dann verfahren Sie genau wie beim Holzkohlegrill. Wenn Sie auf einen Grillrost verzichten wollen, greifen Sie auf Stockbrot und Würstchen am Spieß zurück.
Beachten Sie die geltenden Verbote für offenes Feuer und löschen Sie Feuer beziehungsweise Glut gut, bevor Sie gehen.

Grillen im Winter?

Wieso nicht? Versuchen Sie es mal – es ist ein ganz besonderes Erlebnis! Grillen im Winter unterscheidet sich nicht wesentlich vom Grillen im Sommer. Allerdings sollte der Grillmeister gut eingepackt sein, vielleicht auch mal abgelöst oder zumindest mit heißem Glühwein versorgt werden. Ansonsten ist das Grillen im Winter wegen der niedrigeren Außentemperatur höchstens etwas langwieriger. Ein gut schließender Grilldeckel ist allerdings ein Muss.

Den ersten dampfend heißen Hamburger vom Grill, mitten im Schnee gegessen, werden Sie sicher nicht so schnell vergessen.

SICHERHEIT

- Lesen Sie die Bedienungsanleitung Ihres Grills.
- Stellen Sie den Grill auf einer ebenerdigen Standfläche mindestens 1,5 Meter von allen brennbaren Gegenständen entfernt auf.
- Achten Sie auf sicheren Stand und feste Montage aller Teile.
- Benutzen Sie Grillhandschuhe und nur geeignetes und mit langen, feuerfesten Griffen ausgestattetes Grillwerkzeug.
- Achten Sie darauf, dass lange Haare oder lose Kleidungsstücke nicht in die Nähe des Feuers kommen.
- Lassen Sie den heißen Grill nie unbeaufsichtigt.
- Stellen Sie einen Feuerlöscher griffbereit auf.
- Löschen Sie bei Flammenbildung auf keinen Fall mit Wasser, sondern mit einer Löschdecke.
- Denken Sie daran: Kohle bleibt lange glühend heiß.

DOLCE VITA

Jeden Sommer fahre ich mit meiner Familie und Freunden zu meinen Eltern in die Toskana. Gleich am ersten Wochenende machen wir alle zusammen ein großes Grillfest. Jeder bereitet etwas Leckeres vor, und wir tragen alles im Garten zusammen. Das Fleisch legen wir vor dem Grillen üppig in Rosmarin ein, der hier in dicken Büschen im Garten wächst.

Während die Salsicce und Fleischstücke brutzelnd ihren Duft verbreiten, stehen wir um den Grill herum, trinken toskanischen Rotwein und unterhalten den Grillmeister, früher ausschließlich mein Papa, heute auch gerne mal mein Mann.

Wir essen, trinken und quatschen, bis die Kinder alle nochmals in den Pool springen, weil der Abend noch so lau und es einfach wunderschön ist, wieder hier zu sein.

Ich freue mich schon auf nächstes Jahr. *Ulrike Schmid*

Bistecca alla fiorentina

Für 4 Personen

2 T-Bone-Steaks, je 600–700 g schwer
2 EL Olivenöl
Salz, schwarzer Pfeffer aus der Mühle

Die Steaks bereits am Vortag mit etwas Olivenöl einstreichen und im Kühlschrank ziehen lassen.
Zum Grillen das Öl abtupfen und das Fleisch auf den sehr heißen Grill legen. Nach 5 Minuten wenden und die gegarte Seite salzen. Die zweite Seite ebenfalls 5 Minuten grillen und dann salzen. Das Fleisch in Alufolie einwickeln und an einer etwas weniger heißen Stelle des Grills 15 Minuten ruhen lassen.
Das Fleisch schräg in dünne Scheiben aufschneiden. Zum Anrichten mit ein paar Tropfen hochwertigen Olivenöls beträufeln und mit schwarzem Pfeffer würzen.

Traditionell ist eine »Bistecca alla fiorentina« ein T-Bone-Steak. Falls Sie das nicht bekommen, können Sie genauso gut ein Stück von der Hochrippe verwenden; das ist dasselbe, nur ohne den T-förmigen Knochen.

Rosmarin-Focaccia

½ Würfel (20 g) frische Hefe
250 ml Wasser, lauwarm
1 Prise Zucker
500 g Mehl
2 EL Olivenöl
1 TL Salz

Zum Fertigstellen:
3 EL Olivenöl
3 EL Wasser
2–3 Zweige Rosmarin
1 EL Fleur de Sel

Die Hefe in einer Tasse mit etwas lauwarmem Wasser und einer Prise Zucker anrühren.
Das Mehl in eine Teigschüssel geben. Eine Mulde in das Mehl drücken, die aufgelöste Hefe hineingeben, mit wenig Mehl bestreuen und etwa 10 Minuten stehen lassen, bis sich ein Vorteig gebildet hat. Dann einen Esslöffel Olivenöl darüber verteilen, das Salz und das restliche lauwarme Wasser dazugeben und alles gut durchkneten. Den Teig zu einer Kugel formen, mit etwas Olivenöl bestreichen und mit einem Tuch bedeckt 15 Minuten ruhen lassen. Dann auf ein mit Backpapier ausgelegtes Blech geben und zu einem Rechteck ausrollen. Mit einem sauberen Küchentuch bedeckt 30 Minuten gehen lassen.
Mit den Fingern kleine Vertiefungen in den Teig drücken. Das Olivenöl und das Wasser gut verrühren und vorsichtig mit einem Löffel in die Vertiefungen gießen. Rosmarinnadeln in den Teig stecken, alles mit Fleur de Sel bestreuen und noch einmal 20–30 Minuten gehen lassen.
Die Focaccia im 200 Grad heißen Ofen etwa 25 Minuten backen, bis sie goldbraun ist.

Tagliata di manzo

Für 4 Personen
200 g Rucola
100 g Kirschtomaten
1/2 Zitrone, Saft
2–3 EL Olivenöl
extra vergine
Fleur de Sel, schwarzer
Pfeffer aus der Mühle

1 Roastbeef (500–600 g)
oder 1 Rinderfilet
2–3 EL Aceto balsamico
100 g Parmesan

Rucola und Kirschtomaten waschen und auf den Tellern verteilen. Aus Zitronensaft, Olivenöl, Salz und Pfeffer eine Vinaigrette herstellen. Das Roastbeef oder Rinderfilet auf dem heißen Grill von beiden Seiten kräftig anbraten. Dann das Fleischstück an eine weniger heiße Stelle des Grills legen und ohne direkte Hitze bei geschlossenem Deckel 10–15 Minuten ziehen lassen. Anschließend in Alufolie wickeln und weitere 10 Minuten ruhen lassen.
Das fertig gegarte Fleisch in dünne Scheiben aufschneiden und zusammen mit dem Rucola und den Kirschtomaten anrichten. Zum Servieren mit etwas Balsamico beträufeln, mit Fleur de Sel bestreuen und den Parmesan darüberhobeln.

»Tagliata« bedeutet eigentlich nur »geschnitten«. Es macht also wenig Sinn, beim Metzger ein Stück »Tagliata« zu bestellen. Damit steht es Ihnen grundsätzlich frei, welches Stück Sie dafür verwenden wollen. Filet, Rostbraten oder Hüftsteak – es funktioniert alles!

Gemüse-Tramezzini

Für 4 Personen
1 Aubergine
2 Zucchini
Olivenöl
Salz, schwarzer Pfeffer aus der Mühle
1 rote Paprika
8 Scheiben Tramezzini- oder Toastbrot
1 Glas fertig gekauftes oder selbst gemachtes Tomatenpesto (siehe unten)
1 Büffelmozzarella

Die Aubergine in Scheiben schneiden, mit etwas Salz bestreuen und Wasser ziehen lassen.
Aus Olivenöl, Salz und Pfeffer eine Marinade herstellen. Die Zucchini in Scheiben schneiden und mit der Marinade bestreichen.
Die Paprika in Stücke schneiden und mit der Hautseite nach unten auf den heißen Grill legen und so lange grillen, bis die Haut Blasen wirft und sich leicht schwarz färbt. Vom Grill nehmen und mit einem angefeuchteten Küchentuch bedecken. Nach einigen Minuten lässt sich die Haut problemlos abziehen.
Die Auberginen mit Küchenpapier abtrocknen und ebenfalls mit der Olivenölmarinade einstreichen. Auberginen und Zucchini auf den Grill legen und grillen, bis sie eine schöne, goldbraune Färbung haben. Die geschälten Paprikastücke zum Aufwärmen nochmals kurz auf den Grill legen.
Die Brotscheiben kurz rösten und mit dem Tomatenpesto bestreichen.
Den Mozzarella in Scheiben schneiden und zusammen mit dem gegrillten Gemüse auf die gerösteten Brotscheiben legen. Leicht salzen und mit einer zweiten Brotscheibe abdecken. Zum Servieren diagonal in der Mitte durchschneiden.

Pesto rosso

50 g Parmesan am Stück
80 g Pecorino am Stück
200 g getrocknete Tomaten
50 g Pinienkerne
200 ml Olivenöl
Meersalz, schwarzer Pfeffer aus der Mühle

Parmesan und Pecorino in Stücke hacken und zusammen mit Tomaten und Pinienkernen im Blitzhacker oder Mixer pürieren. Sobald die Masse eine bröselige Konsistenz hat, das Olivenöl dazugießen. Das Pesto sollte schön cremig sein. Mit Meersalz und schwarzem Pfeffer abschmecken.

Aprikosen mit Speck und Salbei

Für 4–6 Personen

6 Aprikosen
12 Scheiben Frühstücksspeck
12 Salbeiblätter

Die Aprikosen halbieren und entsteinen. Auf jede Aprikosenhälfte ein Salbeiblatt legen und mit einer Scheibe Speck umwickeln. Je drei Aprikosenhälften auf einen Schaschlikspieß stecken und die Spieße bei großer Hitze 4 Minuten grillen. Dabei mehrmals wenden.

Caprese vom Grill

Für 4–6 Personen

5 Tomaten
1 Büffelmozzarella
1 EL Olivenöl
1 EL Crema di Balsamico
15 Blätter Basilikum
Salz, schwarzer Pfeffer aus der Mühle

Die Tomaten halbieren und aushöhlen.
Den Mozzarella in kleine Würfel schneiden, mit Olivenöl und Crema di Balsamico mischen. 5 Basilikumblätter klein schneiden und beifügen. Mit Salz und Pfeffer würzen und in die ausgehöhlten Tomatenhälften füllen.
Die gefüllten Tomaten auf dem Grill garen, bis der Käse geschmolzen ist.

Salsiccie im Schweinenetz

Für 4–6 Personen
1 Schweinenetz
1 EL Fenchelsamen
1/2 TL schwarzer Pfeffer, frisch gemahlen
1/2 TL Piment, gemahlen
1/2 TL gemahlene Muskatnuss
1 TL Salz
2 kleine, rote Chilischoten, entkernt
2 Knoblauchzehen
1/2 Bund Oregano
2–3 Zweige Rosmarin
1 Lorbeerblatt
1 Zwiebel
1 EL Öl
1 kg Schweinehackfleisch
100 g Bauchspeck, sehr fein gewürfelt

Das Schweinenetz 20 Minuten in kaltes Wasser einlegen.
Inzwischen die Fenchelsamen in einer Pfanne ohne Fett leicht rösten. Dann im Mörser zerstoßen und mit Pfeffer, Piment, Muskatnuss und Salz mischen.
Die Chilischoten klein schneiden, Knoblauch, Oregano, Rosmarin und Lorbeerblatt fein hacken. Die Zwiebel klein würfeln und im Öl glasig dünsten.
Das Hackfleisch mit dem Speck und sämtlichen Gewürzen vermischen und gut durchkneten. Zur Probe ein kleines Bällchen von der Fleischmasse abstechen, in einer Pfanne braten und probieren; falls nötig, den Fleischteig nachwürzen.
Das Schweinenetz aus dem Wasser nehmen und auf der Arbeitsfläche ausbreiten. Aus der Fleischmasse etwa 8 cm lange Würste formen und in passend zurechtgeschnittene Stücke Schweinenetz einwickeln; dabei die Würste mit dem Netz zwei- bis dreimal umwickeln. Mit einem scharfen Messer oder mit einer Küchenschere überstehende Teile des Netzes abschneiden. Die Salsiccie 5–10 Minuten (je nach Dicke der Würste) knusprig braun grillen.

Sie sehen: Bratwurst selbst herzustellen ist also gar nicht so schwierig. Wer mag, kann das Ganze auch etwas professioneller mit Fleischwolf und echten Därmen machen. Schmecken tut's aber auch so.

Mediterraner Pastasalat

Für 4 Personen

250 g Farfalle oder Penne
10 schwarze Oliven, entsteint
5 getrocknete, in Öl eingelegte Tomaten
5 Artischockenböden
3 EL Kapern
1 Schalotte
10 EL Olivenöl
5 EL weißer Balsamicoessig
1 EL Senf
Salz, schwarzer Pfeffer aus der Mühle
1 Prise Zucker
5 Basilikumblätter

Die Pasta in reichlich Salzwasser al dente kochen. Inzwischen die Oliven halbieren, die eingelegten Tomaten in Streifen schneiden und die Artischockenböden vierteln. Zusammen mit den Kapern und der klein geschnittenen Schalotte in eine Salatschüssel geben. Olivenöl, Balsamico, Senf, Salz, Pfeffer und Zucker zu einem Dressing verrühren und daruntermischen.
Die Pasta abgießen und noch warm unter die anderen Salatzutaten mischen.
Den Salat mit dem fein geschnittenen Basilikum bestreuen. Lauwarm oder kalt servieren, in letzterem Fall aber noch einmal mit Essig und Salz abschmecken.

Noch einfacher ist die Zubereitung mit einem Glas »Condi Pasta« aus dem italienischen Supermarkt. Das eingelegte Gemüse einfach unter die Nudeln heben, etwas nachwürzen, und schon ist der Salat fertig.

Zucchiniröllchen

Für 4–6 Personen

2 Zucchini
1 Glas fertig gekauftes oder selbst gemachtes Tomatenpesto (siehe Seite 26)

Mit einem Sparschäler von den Zucchini lange, dünne Scheiben abziehen. Die Zucchinischeiben mit dem Pesto bestreichen und einrollen. Jeweils 5 Röllchen nebeneinander auf Schaschlikspieße stecken. Bei nicht zu großer Hitze etwa 5 Minuten grillen.

Sehr lecker ist es auch, wenn man einige der Röllchen mit getrockneten, in Öl eingelegten Tomaten füllt.

Kalbskotelett gefüllt mit Steinpilzen

Für 4 Personen
4 Kalbskoteletts, je 250 g schwer
200 g Steinpilze
2–3 Schalotten
1 EL Olivenöl
2 EL Petersilie, gehackt
Salz, schwarzer Pfeffer aus der Mühle

In die Kalbskoteletts eine Tasche schneiden und bereithalten.
Die Steinpilze putzen und in Scheiben schneiden. Die Schalotten fein hacken und in Olivenöl andünsten. Dann die Steinpilze und die gehackte Petersilie beifügen und kurz mit anbraten. Mit etwas Salz und Pfeffer würzen.
Die Koteletts außen und innen mit Salz und Pfeffer würzen, mit der Steinpilzmischung füllen und die Öffnung mit Zahnstochern verschließen. Von jeder Seite etwa 5 Minuten grillen.

Ein sehr aromatisches Gericht. Wenn Sie keine Steinpilze haben, können Sie auch Champignons oder Kräuterseitlinge zum Füllen verwenden.

Riesengarnelen mit Knoblauch und Petersilie

Für 4 Personen
8 Riesengarnelen
2 Knoblauchzehen
2 EL Olivenöl
½ Bund Petersilie, fein gehackt

Die Garnelen waschen und den Kopf entfernen. Der Länge nach aufschneiden.
Die Knoblauchzehen fein hacken und mit dem Olivenöl mischen. Die Garnelen mit dem Knoblauchöl bestreichen und 2–3 Minuten auf der Schalenseite grillen. Zum Servieren mit etwas fein gehackter Petersilie bestreuen.

Dazu gibt es ein Stück Ciabattabrot, auf dem Grill leicht angeröstet. Ein Genuss!

Dorade mit frischem Lorbeer und Zitronenbutter

Für 2 Personen
1 Dorade
Salz
6–8 frische Lorbeerblätter
3–4 Knoblauchzehen
etwas Olivenöl zum Bestreichen
1 unbehandelte Zitrone, halbiert
einige Blätter Zitronenmelisse

Für die Zitronenbutter:
125 g Butter
1 unbehandelte Zitrone
$^1/_2$ TL Salz

Zuerst die Zitronenbutter zubereiten: Die Butter bei Zimmertemperatur weich werden lassen. Die Zitronenschale fein abreiben und unter die Butter rühren. Mit Salz abschmecken. Die Butter kalt stellen.

Die Dorade außen und innen gut waschen, abtrocknen und kräftig salzen. Den Fisch an den dicksten Stellen von außen zwei- bis dreimal schräg etwa $^1/_2$ cm tief einschneiden. In jeden Einschnitt ein Lorbeerblatt stecken. Den Bauch der Dorade mit den Knoblauchzehen und den restlichen Lorbeerblättern füllen. Die Haut mit etwas Öl bestreichen und den Fisch bei direkter Hitze auf jeder Seite etwa 4 Minuten grillen. Die Dorade ist gar, wenn sich die Rückengräte ganz leicht lösen lässt.

Die Zitronenhälften mit dem Fisch auf den Grill legen und unter mehrmaligem Wenden leicht anrösten. Die Dorade mit der gegrillten Zitrone und etwas Zitronenbutter, garniert mit einigen Blättern Zitronenmelisse, servieren.

Aperolcreme

Für 6–8 Personen
100 ml Aperol
500 g Vanillejoghurt
1 unbehandelte Orange, abgeriebene Schale und Saft
3 Blatt Gelatine
200 ml Sahne
2 EL Vanillezucker

Den Aperol mit dem Joghurt in einer Rührschüssel vermischen. Die abgeriebene Orangenschale dazugeben.
Die Gelatineblätter in kaltem Wasser einweichen und ausdrücken. Den Orangensaft leicht erwärmen und die Gelatine darin auflösen, zur Joghurtmasse geben und alles gut verrühren.
Die Sahne mit dem Vanillezucker steif schlagen und unter die Creme heben. In Dessertschalen füllen und im Kühlschrank mindestens 2 Stunden kalt stellen.

Sandras Getränketipp

Zum Dolce-Vita-Menü passt ein Pinot grigio, ein vollmundiger, kräftiger Wein, der ohne ein Zuviel an Säure auskommt und somit sehr bekömmlich ist. Optimal gekühlt, ist er ein guter Begleiter, der sich nicht als Diva in den Vordergrund drängt, sondern den Speisen ehrlich zur Seite steht und ihren Geschmack unterstreicht und zur Geltung bringt.

ALPENGLÜHEN

Letzten Winter bin ich umgezogen, aus dem kleinen Häuschen mit Garten wieder zurück in die Stadt. Da ich leidenschaftlich gerne grille, musste ich mir für die folgende Saison also etwas Neues überlegen. Zum Glück gibt es mittlerweile in den Baumärkten kleine portable Grills in allen Variationen und für mich sogar in meiner Lieblingsfarbe Grün.

Was auch immer die Meteorologen sagen, für mich war dieser Sommer grandios! Kaum war die Sonne da, sind wir losgezogen, an die schönsten Plätze rund um unsere wunderbaren Seen. Gegrillt wurde alles, was wir Bayern so lieben, von Steckerlfisch bis Schweinebauch. Und dazu gab's natürlich ein seegekühltes Bier!

So habe ich den ganzen Sommer über mit Freunden und Familie viele Male draußen gesessen, während auf dem Grill die köstlichsten Dinge brutzelten und in der Ferne die Alpen sich leuchtend rot färbten ... *Sabine Mader*

Gegrilltes Wammerl mit Apfelringen

Für 4 Personen
4 Scheiben Wammerl (Schweinebauch)
1 TL Paprika, edelsüß
Salz, schwarzer Pfeffer aus der Mühle
1 TL Öl
1 Apfel (Boskop oder andere säuerliche Sorte)
1 TL brauner Zucker

Paprikapulver, Salz und Pfeffer mit dem Öl vermischen. Die Schweinebauchscheiben damit bestreichen und kurz marinieren. Anschließend bei mittlerer Hitze knusprig grillen.
Den Apfel in dicke Ringe schneiden und ebenfalls auf den Grill legen. Mit etwas braunem Zucker bestreuen und goldbraun werden lassen.
Die fertigen Wammerl mit je einem gegrillten Apfelring servieren.

So eine knusprig gegrillte Scheibe Wammerl ist einfach ein Genuss. Allerdings hat sich der schöne Begriff »Wammerl« nur in Bayern durchgesetzt. Nördlich des Weißwurstäquators verlangt man beim Metzger Bauchspeck oder Schweinebauch.

Kartoffelsalat

Für 6–8 Personen
1 kg Salatkartoffeln
1 Zwiebel
6–8 Radieschen
250 ml heiße Gemüse- oder Fleischbrühe
5 EL Weißweinessig
3 EL Sonnenblumenöl
schwarzer Pfeffer aus der Mühle
2 EL Schnittlauchröllchen

Die Kartoffeln kochen, schälen, etwas abkühlen lassen und in Scheiben schneiden. Die Zwiebel fein hacken, die Radieschen hobeln und beides mit den Kartoffeln in einer Schüssel mischen.
Aus Brühe, Essig und Öl eine Vinaigrette mischen und über die Kartoffeln gießen. Den Salat mischen und mit Pfeffer und Schnittlauchröllchen bestreuen.

Variante: Statt der Radieschen eine fein gehobelte Salatgurke darunterheben. Die Gurkenscheiben dazu am besten vorher mit etwas Salz bestreuen und Wasser ziehen lassen. Das Wasser dann abgießen und die Gurkenscheiben unter den Salat mischen.

Eine bayerische Brotzeit ohne Brezen? Undenkbar. Die Bayern und die Brezen gehören einfach zusammen, also gehört die Breze auch auf den Grill.

Bayerischer Spieß

Für 10 Spieße
5 Tiefkühlbrezen
4 Bratwürste
Senf

Die Tiefkühlbrezen so lange auftauen lassen, bis sie sich auseinanderfalten lassen und eine lange Teigrolle entsteht. Die Bratwürste in Stücke schneiden und je 3 Stück mit Abstand auf einen Holzspieß stecken. Die Teigrolle um die Wurststücke und um den Spieß schlingen. Die Spieße noch kurz liegen lassen, damit der Brezenteig wieder etwas gehen kann. Die Brezenspieße auf dem Grill bei mittlerer Hitze grillen, bis der Teig schön aufgegangen und gebräunt ist.

Varianten: Probieren Sie auch andere Varianten aus! Wir haben sehr leckere Spieße mit Leberkäsescheiben gemacht. Oder mit Weißwurst. Kaum vorstellbar, wie hervorragend ein Stück gegrillte Weißwurst mit Brezenteig schmeckt. Ein bisschen süßer Senf dazu, der Himmel der Bayern!
Überzeugt hat uns auch die Variante, bei der wir das rohe Bratwurstbrät ausgedrückt und daraus kleine Bällchen geformt haben, die wir dann aufgespießt haben.
Seien Sie also mutig, man kann eigentlich fast jede Wurst auf den Grill legen.

»Säubern, säuern, salzen« war der Standardspruch, wann immer meine Mutter Fisch zubereitet hat. Er hat sich mir so eingebrannt, dass ich fast ins Schwitzen kam, wenn ich keine Zitrone mehr im Haus hatte und es ein Fischgericht geben sollte. Mittlerweile weiß ich allerdings, dass man zum Säuern auch Essig verwenden kann und der Spruch meiner Mutter in der Ernährungslehre »Die 3-S-Regel« genannt wird. Kluge Frau!

Steckerlfisch

Für 4 Personen

2 Makrelen
1 Zitrone, Saft
Salz, schwarzer Pfeffer aus der Mühle
2 »Steckerl« (stabile Holzstecken) von ca. 1 cm Durchmesser und etwa 1 m Länge, je nach Grillhöhe

Die Fische gründlich waschen und vom Schleim befreien. Mit Küchenpapier abtrocknen und an den Seiten schräg zwei- bis dreimal etwa $^{1}/_{2}$ cm tief einschneiden. Die Fische außen und innen mit dem Zitronensaft beträufeln, mit etwas Salz und Pfeffer würzen und auf die Stecken aufspießen. Dazu etwa 1 cm hinter der Bauchöffnung ein kleines Loch einschneiden und den Stecken durch die Bauchhöhle bis zum Maul des Fisches schieben.

Die Stöcke rings um den Grill in die Erde stecken, so dass die Fische mit etwas Abstand über der sehr heißen Glut hängen. Je nach Größe sollten die Makrelen nach 20–30 Minuten gar sein. Damit sie gleichmäßig garen, die Stöcke gelegentlich wenden.

Bratapfel vom Grill

Für 4 Personen
4 Äpfel
4 EL Zimtzucker

Die Äpfel halbieren und mit der Schnittseite nach unten auf den Grill legen. Bei mittlerer Hitze 1–2 Minuten grillen, dann die Äpfel umdrehen und auf der Schalenseite weitergrillen.
Mit Zimtzucker bestreuen und die Äpfel für ca. 10 Minuten auf dem Grill lassen. Der Zucker sollte ganz leicht karamellisieren.

Sandras Getränketipp

Hier ist die Wahl klar und unkompliziert: Zu unseren bayerischen Gerichten gibt es ein kühles bayerisches Bier.

Bayerischer Krautsalat mit Speck

Für 6–8 Personen
1 Kopf Weißkohl
4 EL Weißweinessig
4 EL Sonnenblumenöl
2 EL Apfelsaft
Salz, schwarzer Pfeffer aus der Mühle
200 g geräucherte Speckwürfel

Die äußeren Blätter des Weißkohlkopfes entfernen, dann den Kohlkopf vierteln und den Strunk herausschneiden. Das Weißkraut fein hobeln und in kochendem Wasser blanchieren. Mit eiskaltem Wasser abschrecken und in einem Sieb abtropfen lassen.
Aus Essig, Öl, Apfelsaft, Salz und Pfeffer ein Dressing herstellen, das Kraut daruntermischen und einige Stunden ziehen lassen; dann falls nötig nochmals nachwürzen.
Erst kurz vor dem Servieren die Speckwürfel knusprig braten, das überschüssige Fett abgießen und den Speck zum Salat geben.

Krautsalat mit Speck ist eine Spezialität meines Mannes, niemand macht ihn so gut wie er, und bei fast jedem Fest ist diese Schüssel zuerst leer.

Wer aus dem Bratwurstland Franken stammt, ist »bratwursttechnisch« natürlich verwöhnt. Aber diese Grillwürstchen können sogar mit den fränkischen Bratwürsten mithalten.

Grillwürstchen mit Käse und Speck

Für 4 Personen
4 Bockwürste
100 g Emmentaler
200 g Frühstücksspeck

Die Würste der Länge nach aufschlitzen. Den Emmentaler in dünne Streifen schneiden und zwischen die beiden Wursthälften legen. Die Wurst fest mit Speck umwickeln. Bei nicht zu großer Hitze grillen, bis der Speck knusprig braun ist.

Forelle gefüllt mit Kräutern

Für 2–4 Personen
(je nach Größe der Fische)
2 Forellen
1 unbehandelte Zitrone
1 Bund gemischte Kräuter (Petersilie, Thymian, Bohnenkraut, Oregano usw.)
4 Knoblauchzehen
2 EL Butter

Die Forellen waschen und mit Küchenpapier abtrocknen. Die eine Hälfte der Zitrone auspressen und den Saft im Bauchraum der Forellen verteilen, dann die Forellen mit den Kräuterzweigen und den Knoblauchzehen füllen.
Zwei große Stücke Alufolie mit Butter bestreichen, die Forellen darauflegen und die Alufolie oben locker zusammenfalten. Die Päckchen auf den heißen Grill legen und bei indirekter Hitze und geschlossenem Grilldeckel etwa 15 Minuten garen.
Die zweite Zitronenhälfte in Scheiben schneiden und die Forelle damit garnieren.

Sie können die Forelle natürlich auch ohne Folie zubereiten und den Fisch direkt auf den Grillrost legen. Dann empfiehlt es sich, den Rost gut einzuölen oder einen Bratkorb zu verwenden. Statt Forelle eignet sich für diese Zubereitung auch Saibling gut.

Gefülltes Schweinefilet

Für 4 Personen

1 Schweinefilet (ca. 500 g)
1 kleine Zwiebel
1 Knoblauchzehe
4–5 Scheiben Frühstücksspeck
wenig Öl zum Braten
50 g Emmentaler

Das Schweinefilet der Länge nach aufschneiden, bis es sich ganz aufklappen lässt. Zwischen zwei Lagen Haushaltsfolie legen und das Fleisch etwas flach klopfen.

Für die Füllung Zwiebel, Knoblauch und Frühstücksspeck fein würfeln und in einer Pfanne in etwas Öl anbraten.

Den Käse hobeln und auf dem Fleisch verteilen. Die Zwiebel-Speck-Mischung daraufgeben und das Filet aufrollen. Mit Küchengarn umwickeln.

Bei großer Hitze auf dem Grill einige Minuten anbraten, dann bei indirekter Hitze 20–30 Minuten weitergrillen.

Keine Lust auf Zwiebeln und Speck? Dann füllen Sie das Filet italienisch mit rotem Pesto (siehe Seite 26), Basilikum und etwas Mozzarella. Schmeckt auch lecker!

Bayerische Creme mit Schwarzer-Johannisbeer-Sauce

Für 6–8 Personen

4 Eigelb
125 g Zucker
1 Vanilleschote
250 ml Milch
4 Blatt Gelatine
500 ml Sahne
30 g Puderzucker

Für die Sauce:

500 g schwarze Johannisbeeren
100 ml Wasser
100 g Zucker

Für die Creme die Eigelbe und den Zucker in einer Rührschüssel schaumig schlagen.
Die Vanilleschote der Länge nach aufschneiden, das Mark herauskratzen und zur Milch geben. Die Milch in einem Topf aufkochen, vom Herd nehmen und die Zucker-Eigelb-Masse in die kochende Milch rühren. Wieder zurück auf den Herd stellen und bei geringer Hitze eindicken, jedoch nicht mehr kochen lassen! Die Creme etwas abkühlen lassen. Die Gelatine in kaltem Wasser einweichen, ausdrücken, dann zur Creme geben und darin auflösen. Die Creme vollständig abkühlen lassen, dabei immer wieder gut durchrühren.
Die Sahne mit dem Puderzucker steif schlagen und unter die erkaltete Creme heben. In Gläser füllen und für 4–6 Stunden in den Kühlschrank stellen.

Für die Sauce die schwarzen Johannisbeeren von den Stielen abzupfen und waschen. Mit Wasser und Zucker in einen Topf geben, zum Kochen bringen und etwa 10 Minuten köcheln lassen, dann durch ein Sieb streichen. Die Sauce abkühlen lassen und falls nötig noch etwas nachsüßen.

Zusätzlich Aroma erhält die Sauce, indem Sie die ausgekratzte Vanilleschote von der Creme mitkochen. Statt mit Wasser kann man diese Sauce auch mit Rotwein zubereiten.
Wenn keine Zeit mehr war für die Bayerische Creme, kann man die Johannisbeersauce einfach über eine Kugel Vanilleeis geben. Warm oder kalt, ganz nach Geschmack.

GÖTTLICHES GRIECHENLAND

Waren Sie schon einmal in Griechenland? Ich nicht, das ist so ziemlich das einzige Land in Europa, das ich noch nie besucht habe. Daher habe ich auch nur recht verschwommene Vorstellungen davon, wie die Griechen Feste feiern.

Die alten Griechen und ihre Götter, da weiß man ja: viel Wein, Weib und Gesang ... Was das moderne Griechenland angeht, orientiert sich mein derzeitiger Wissensstand eher am Kinofilm »My big fat greek wedding«. Der spielt zwar in den USA, aber mit waschechten Griechen. Große, fröhliche und laute Familien, die im Vorgarten um den Grill herumstehen, Ouzo trinken und alle Arm in Arm miteinander tanzen.

Vielleicht sollte ich meinen Mann davon überzeugen, dass Griechenland unser nächstes Urlaubsziel wird. So eine Bildungslücke muss man einfach schließen.

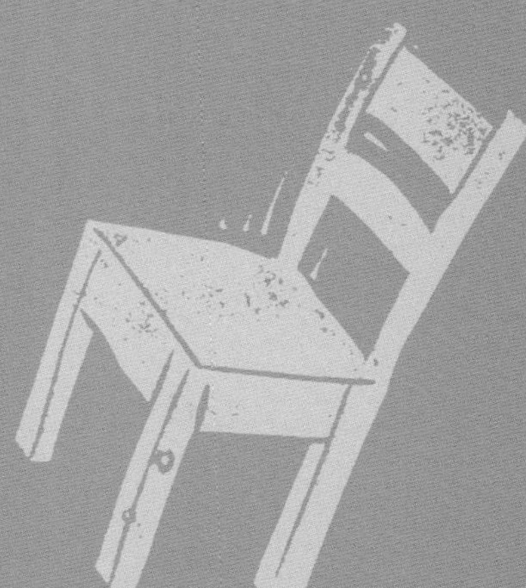

Souvlaki

Für 4 Personen

500 g Schweinehals
$^1/_2$ Zitrone, Saft
6 EL Olivenöl
1 TL getrockneter Oregano
Salz, schwarzer Pfeffer aus der Mühle

Das Schweinfleisch in 3–4 cm große Stücke schneiden.
Aus Zitronensaft, Olivenöl und Oregano eine Marinade herstellen. Die Fleischstücke in der Marinade einige Stunden oder am besten über Nacht ziehen lassen.
Vor dem Grillen das Fleisch aus der Marinade nehmen und nicht zu eng auf Metall- oder Holzspieße stecken (siehe Tipp) und auf dem heißen Grill von jeder Seite 3–5 Minuten grillen. Danach mit Salz und Pfeffer würzen und mit Zitronenvierteln servieren.

Kennen Sie das? Erst will das Fleisch um keinen Preis runter vom Spieß, dann erhöht man den Druck, und plötzlich fliegen die Brocken quer über den Tisch. Sehr peinlich! Einfacher geht es, wenn man die Holzspieße vor der Verwendung 20 Minuten in kaltes Wasser einlegt. Das verhindert, dass die Spieße auf dem Grill Feuer fangen, und erlaubt, dass sich das gegrillte Fleisch leicht davon löst.

Bifteki mit Feta-Oliven-Füllung

Für 6–8 Personen

3 Scheiben altbackenes Weißbrot
1 große Zwiebel
1/2 Bund Petersilie
1/2 Bund Oregano
1 kg Hackfleisch vom Rind
3 Eier
1–2 EL Paprikapulver, edelsüß
1 EL Salz, schwarzer Pfeffer aus der Mühle
100 g Feta (Schafskäse)
10 schwarze Oliven

Das Weißbrot kurz in Wasser einweichen und ausdrücken. Zwiebel, Petersilie und Oregano fein hacken. In einer Schüssel das Hackfleisch und die Eier vermengen. Zwiebel, Kräuter und das ausgedrückte Weißbrot dazugeben und alles gut verkneten. Mit Paprikapulver, Salz und Pfeffer würzen.

Den Feta in einer Schüssel zerbröseln und mit den klein geschnittenen Oliven vermengen.

Den Fleischteig in 8 Portionen teilen, mit den Händen Fladen formen, jeweils 1 Esslöffel der Feta-Oliven-Mischung daraufgeben, den Fladen darumlegen, zudrücken und glatt streichen. Mit etwas Olivenöl bepinseln. Die Bifteki bei mittlerer Hitze von beiden Seiten 8 Minuten grillen.

Je kleiner, desto leckerer. Mehr Kruste, mehr Röstaromen, mehr Geschmack! Dann ist allerdings die Gefahr, dass die Bifteki auf dem Grill aufplatzen, etwas größer. Dann läuft zwar ein wenig Käse heraus, aber dem Geschmack tut das keinen Abbruch.

Tsatziki

1 Salatgurke
250 g Magerquark
250 g Crème fraîche
3–5 Knoblauchzehen, nach Geschmack
1 TL Essig
1 EL Olivenöl
Salz, schwarzer Pfeffer aus der Mühle

Die Salatgurke schälen und fein raspeln. Mit wenig Salz bestreuen und Wasser ziehen lassen.
In der Zwischenzeit den Quark und die Crème fraîche verrühren. Die Knoblauchzehen dazupressen, Essig und Olivenöl daruntermischen.
Das von den Gurken abgegebene Wasser mit Hilfe eines sauberen Tuches auspressen. Die geraspelte Gurke unter den Quark rühren, mit Salz und Pfeffer abschmecken.

Am besten schmeckt Tsatziki, wenn es einige Stunden im Kühlschrank durchziehen konnte. Eventuell muss man dann noch einmal mit Salz und Pfeffer nachwürzen.

Ajvar

5 rote Paprika
1 Aubergine
3 Knoblauchzehen
2 EL Tomatenmark
1 EL Weißweinessig
1 TL Salz
50 ml Olivenöl
schwarzer Pfeffer aus der Mühle

Die Paprika waschen, vierteln und entkernen. Die Aubergine waschen und halbieren. Aubergine und Paprika mit der Hautseite nach unten auf den Grill legen und so lange rösten, bis die Haut schwarze Blasen bekommt. Die Haut abziehen und das Gemüse in kleine Stücke schneiden. Mit den Knoblauchzehen und dem Tomatenmark in einen Topf geben. Essig und Salz hinzufügen und das Gemüse etwa 20 Minuten leicht köcheln lassen. Anschließend im Mixer pürieren. Nach und nach das Olivenöl dazugeben und zuletzt mit etwas schwarzem Pfeffer abschmecken.

Selbst gemachter Ajvar ist zwar etwas aufwendig, schmeckt aber viel besser als gekaufter. Der Aufwand lohnt sich in jedem Fall!

Auberginenmus mit Walnüssen

3 große Auberginen
3 EL Walnüsse
2 Knoblauchzehen
2 Schalotten
2 EL abgezupfte Petersilienblätter
½ Zitrone, Saft
4 EL Olivenöl
Salz, schwarzer Pfeffer aus der Mühle

Die Auberginen im Ganzen auf den Grill legen und bei schwacher Hitze etwa 30 Minuten grillen.
Die Walnüsse in einer Pfanne ohne Fett goldbraun rösten. Wenn die Auberginen weich sind, die Haut abziehen und das Fruchtfleisch in Stücke schneiden. Die Auberginenstücke mit Knoblauch, Schalotten, Petersilie und den gerösteten Walnüssen im Mixer fein pürieren. Zitronensaft und Olivenöl daruntermischen und mit Salz und Pfeffer abschmecken.

Optisch mag das Auberginenmus vielleicht etwas langweilig wirken, geschmacklich aber ist es ein Volltreffer.

Fetaki al limone

200 g Feta
½ Zitrone, etwas fein abgeriebene Schale und Saft
1–2 EL Olivenöl
½ Bund Petersilie
Salz, schwarzer Pfeffer aus der Mühle

Den Feta in einer Schüssel zerbröseln. Zitronensaft, Zitronenschale und Olivenöl dazugeben und zu einer cremigen Masse verrühren. Die Petersilie sehr fein hacken und beifügen. Mit Salz und Pfeffer abschmecken und einige Stunden im Kühlschrank ziehen lassen.

Schmeckt sensationell zu frisch gebackenem Pitabrot und gegrilltem Fleisch. Eine leckere Dip-Alternative für alle, die Tsatziki aus Geruchsgründen ablehnen.

Galaktoboureko

Für 1 Backblech
3 Eier
150 g Zucker
100 g Hartweizengrieß
1 l Milch
1 Stück Schale einer unbehandelten Zitrone
1 Prise Salz
1 Vanilleschote
150 g Butter
1 Paket Filoteig

Für die Glasur:
100 g Zucker
125 ml Wasser
1 Zitrone, Saft

Die Eier mit dem Zucker schaumig schlagen und dann den Grieß darunterrühren.
Die Milch in einen Topf geben, ein Stück Zitronenschale und das Salz hinzufügen. Die Vanilleschote längs aufschlitzen, das Mark herauskratzen und ebenfalls zur Milch geben (die ausgekratzte Vanilleschote für die Glasur beiseitelegen). Die Eier-Grieß-Masse in die Milch laufen lassen und unter ständigem Rühren aufkochen, bis die Masse eingedickt ist. Den Grießbrei vom Herd nehmen und unter gelegentlichem Rühren abkühlen lassen.
Den Backofen auf 180 Grad vorheizen. Ein Backblech mit Butter bestreichen.
Die Butter schmelzen. Die hauchdünnen Filoteigblätter nacheinander vorsichtig auf dem Blech ausbreiten und jede Lage mit der geschmolzenen Butter bestreichen. Nach der Hälfte der Blätter den Grießbrei gleichmäßig auf der Teiglage ausstreichen, dabei einen Rand von etwa 5 cm frei lassen. Die Ränder umschlagen und die restlichen Teigblätter darauflegen, dabei wiederum jede Lage mit Butter bestreichen. Die Ränder diesmal nach unten einschlagen. Mit einem scharfen Messer Quadrate von 5 x 5 cm schneiden. Im Ofen bei 180 Grad 35–40 Minuten backen.
Für die Glasur Zucker, Wasser und Zitronensaft zu einem Sirup kochen. Zum Aromatisieren die ausgekratzte Vanilleschote mitkochen. Den Sirup etwa 5 Minuten kochen lassen, dann die Vanilleschote entfernen und den Sirup beiseitestellen.
Das fertige Gebäck aus dem Ofen nehmen und noch heiß mit dem Sirup beträufeln. Abkühlen lassen und servieren. Wer es nicht ganz so süß mag, der lässt den Sirup zunächst weg und reicht ihn extra dazu.

Galaktowas??? Naja, mit ein bisschen Übung geht einem das Wort bald ganz leicht über die Lippen. Oder Sie lesen erst den Getränketipp, nach ein paar Gläsern griechischen Weins klappt es bestimmt.

Gegrillter Oktopus

Für 4–6 Personen
2 küchenfertige Oktopusse, je 500 g
2 Knoblauchzehen
1 Zwiebel
5 Wacholderbeeren
1 EL Olivenöl
2 Lorbeerblätter
½ l trockener Weißwein

Zum Grillen:
100 ml Olivenöl
1 Knoblauchzehe
Salz, schwarzer Pfeffer aus der Mühle
1 TL getrockneter Oregano
4–5 Thymianzweige
1 Zitrone, in Spalten geschnitten

Die Oktopusse waschen und trocken tupfen.
Die Knoblauchzehen und die Zwiebel schälen, vierteln und in einem großen Topf zusammen mit den Wacholderbeeren im Olivenöl glasig dünsten. Die Oktopusse und die Lorbeerblätter dazugeben und mit dem Weißwein ablöschen. Zugedeckt 45–60 Minuten leise köcheln lassen.
Mit einem Messer die Garprobe machen: Gleitet das Messer mühelos ins Fleisch, ist der Oktopus fertig gegart.
Die Oktopusse aus dem Sud nehmen und abtropfen lassen.
Zum Grillen die Knoblauchzehe zum Olivenöl pressen, mit Salz, Pfeffer und Oregano würzen. Die Oktopusse mit dieser Marinade bestreichen und auf dem heißen Grill knusprig grillen. Dabei die Oktopusse noch mehrmals mit Marinade bestreichen; als »Pinsel«, der gleichzeitig noch Aroma gibt, eignen sich dafür ein paar Thymianzweige.
Die knusprig gegrillten Oktopusse zusammen mit Zitronenspalten servieren.

Einen Oktopus küchenfertig zu machen, ist nicht gerade einfach. Kaufen Sie ihn deshalb möglichst schon ausgenommen und gesäubert.
Statt zwei kleineren können Sie natürlich auch einen größeren Oktopus kaufen, dann empfiehlt es sich aber, ihn vor dem Grillen in mehrere Teile zu schneiden. Bei der von uns gewählten Größe ist das aber nicht nötig.

Fetapfännchen

Für 4 Personen
150 g Feta aus Schafsmilch
2 EL Crème fraîche
Salz, schwarzer Pfeffer
2 Schalotten
2 Frühlingszwiebeln
8 Kirschtomaten
Olivenöl zum Fetten
2 TL Tomatenpesto
(fertig gekauft oder nach
Rezept Seite 26)

Den Schafskäse in einer Schüssel zerbröseln und mit der Crème fraîche vermengen. Mit Salz und Pfeffer würzen.
Die Schalotten und die Frühlingszwiebeln fein schneiden. Die Tomaten waschen und halbieren.
Aus Alufolie vier kleine »Pfännchen« formen; die Folie dafür am besten doppelt legen und über einem umgedrehten Dessertschälchen formen.
Die Pfännchen mit Olivenöl auspinseln. Abwechselnd Feta, Tomaten, Schalotten und Frühlingszwiebeln einfüllen. Auf jede Portion noch einen halben Teelöffel Tomatenpesto geben. Etwa 15 Minuten auf den Grill stellen.

Kritharaki-Salat

Für 4 Personen
250 g Reisnudeln
(Kritharaki)
1 Zucchini
10 Kirschtomaten
10 schwarze Oliven
3–4 Frühlingszwiebeln
5 EL Olivenöl
2 EL Weißweinessig
1 EL Wasser
1/2 TL Tomatenmark
1 Prise Zucker
1/2 TL Salz
2–3 Zweige Oregano
schwarzer Pfeffer
aus der Mühle

Die Reisnudeln in Salzwasser bissfest kochen, abschütten und abtropfen lassen.
Die Zucchini in kleine Würfel schneiden und in etwas Olivenöl in einer Pfanne anbraten, bis sie leicht gebräunt sind. Die Kirschtomaten halbieren, die Oliven und die Frühlingszwiebeln in feine Ringe schneiden. Alle diese Zutaten unter die Reisnudeln heben.
Olivenöl, Weißweinessig, Wasser, Tomatenmark, Zucker und Salz zu einem Dressing mixen und mit dem Salat mischen. Mit einigen Oreganoblättern und frisch gemahlenem schwarzem Pfeffer bestreuen.

Schwierig auszusprechen? Warten Sie erst mal ab, was sonst noch kommt …
Dieser Salat ist eine ausgezeichnete Alternative zum wohlbekannten Tomatenreis vom Griechen nebenan. Der ist aber auch nicht schlecht.

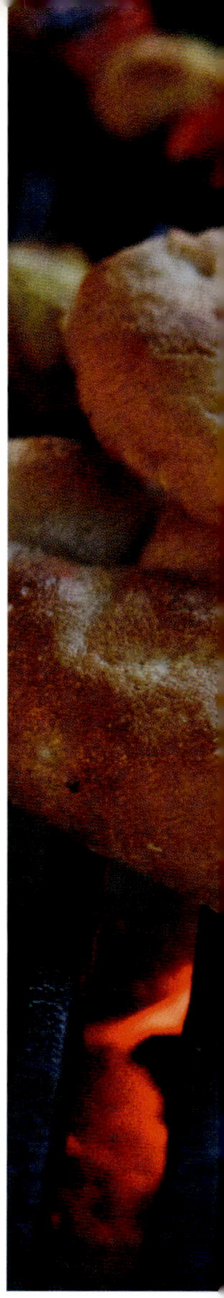

Pitabrot

Für 10 Fladen
400 g Mehl
1/2 Würfel (20 g) frische Hefe
200 ml Wasser, lauwarm
1 TL Zucker
2 TL Salz
1 EL Olivenöl

Das Mehl in eine Schüssel sieben und in der Mitte eine Vertiefung drücken. Die Hefe in die Vertiefung bröckeln, etwas lauwarmes Wasser und ein wenig Zucker dazugeben. Mehl darüberstäuben und diesen Vorteig 10–15 Minuten gehen lassen.
Wenn der Vorteig aufgegangen ist und sich in der Mehlschicht Risse gebildet haben, die restlichen Zutaten dazugeben und alles kräftig zu einem glatten, geschmeidigen Teig kneten. Den Teig in 10 Stücke teilen, diese zu Kugeln formen und zugedeckt eine halbe Stunde gehen lassen. Den Ofen auf 180 Grad vorheizen.
Wenn die Teigkugeln ihr Volumen verdoppelt haben, noch einmal gut durchkneten und jede Kugel zu einem Fladen von 1/2 cm Dicke ausrollen. Die Fladen auf ein mit Backpapier belegtes Blech legen und im Ofen von jeder Seite etwa 5 Minuten backen, bis sie hellbraun sind.

Als Variante kann man einige schwarze Oliven unter den Teig mischen und mitbacken.
Wenn Sie eine Grillplatte oder einen Grillstein haben, können Sie die Fladen auch auf dem Grill zubereiten.

Sandras Getränketipp

Moschofilero, Assyrtiko, Rhoditis, Xynomavro, Moscomavro, Kotsifali, Mandilaria, Negosko. Da sind sie wieder, die unaussprechlichen Wörter. Diesmal in Form von griechischen Rebsorten.
Zu unseren göttlichen Gerichten aus Griechenland empfehle ich einen Assyrtiko, den Sie am besten aus einem großen Weinglas genießen. Sie finden diesen Weißwein, der ein unglaubliches Aroma von Lindenblüten und Zitrusfrüchten hat, auch in unseren Supermärkten.

TOUR DE FRANCE

Tour de France klingt ein bisschen vermessen, das ist schon klar, aber Asterix hat auf seiner Tour de France auch nicht wirklich alle Regionen abgehandelt, oder? Hier also eine kleine, bescheidene Auswahl aus dem großen Topf der kulinarischen Genüsse Frankreichs. Auf Obelix' Lieblingsspeise Wildschwein habe ich allerdings verzichtet, denn so ein Wildschwein jagt man ja nicht alle Tage.

Rindersteak mit Oliventapenade

Für 4 Personen
4 Rumpsteaks, ca. 3 cm dick

Für die Tapenade:
30 g Basilikum
4 Sardellen in Salzlake
200 g schwarze Oliven ohne Stein
2 EL Kapern
2 Knoblauchzehen
1 Chilischote, entkernt
150 ml Olivenöl
Salz, schwarzer Pfeffer aus der Mühle

Für die Tapenade die Basilikumblätter waschen, trocken tupfen und fein hacken. Sardellen, Oliven, Kapern, Knoblauch und Chilischote im Mixer fein pürieren. Das Olivenöl und den Basilikum darunterrühren und die Paste mit Salz und Pfeffer abschmecken.
Die Rumpsteaks auf den heißen Grill legen. Bei geschlossenem Grilldeckel auf der ersten Seite 2 Minuten grillen. Dann das Steak wenden und die bereits gegrillte Seite mit der Oliventapenade bestreichen. Bei wiederum geschlossenem Grilldeckel die Steaks weitere 2 Minuten grillen. Dann die Steaks vorsichtig in Alufolie packen und 5 Minuten ruhen lassen. Nach der Ruhezeit ist das Steak wunderbar zart und saftig.

Sie wollen Ihr Steak nicht rosa gebraten? Verlängern Sie einfach die Grillzeit um 15 Minuten, und es wird eine prima »Schuhsohle« daraus.

Einfach lecker! Danke für die Anregung, lieber Pit.

Pastis-Tomaten

Für 4 Personen
500 g Datteltomaten mit Stiel
1 EL Zucker
2 EL Pastis
2–3 EL Weißwein
1 Knoblauchzehe

Die Tomaten waschen und mit den Stielen in eine kleine feuerfeste Form geben. Den Zucker darüberstreuen, Pastis und Weißwein dazugeben. Die Knoblauchzehe zerquetschen und zwischen die Tomaten legen.
Bei 180 Grad im Backofen oder auf dem Grill rund 15 Minuten garen, bis die Tomatenhaut geplatzt ist.

Ofenkartoffeln mit Rosmarin

Für 6–8 Personen
1 kg möglichst junge festkochende Kartoffeln
3 Zweige Rosmarin
8 EL Olivenöl
2 EL grobes Meersalz

Die Kartoffeln gut waschen und halbieren. Von den Rosmarinzweigen die Nadeln abzupfen, einen Teil davon sehr klein hacken, den Rest ganz lassen.
Die Kartoffelhälften mit dem Öl und dem gehackten Rosmarin 30 Minuten marinieren.
Ein Backblech mit Olivenöl bestreichen und das grobe Meersalz daraufstreuen. Die Kartoffelhälften mit der Schnittseite nach unten darauflegen und im Ofen bei 200 Grad etwa 40 Minuten backen.

Camembert im Weinblatt mit Feigensenf

Für 2–4 Personen
6–8 große Weinblätter, in Salzlake eingelegt
1 Camembert (ca. 150 g)
1 EL Olivenöl

Für den Feigensenf:
500 g Feigen
3 EL Aceto balsamico
250 g Gelierzucker 2:1
100 g grober Senf (Rôtisseur-Senf)

Für den Feigensenf die Feigen waschen und vierteln. Zusammen mit dem Essig im Mixer pürieren. Den Gelierzucker dazugeben, die Masse in einem Topf zum Kochen bringen und 5 Minuten köcheln lassen, dann den Senf daruntermischen und noch einmal kurz aufkochen lassen. Den fertigen Senf abkühlen lassen.

Die Weinblätter auseinanderrollen und die Salzlake etwas abtupfen. 5 Weinblätter überlappend auf der Arbeitsfläche auslegen. Den Camembert in die Mitte legen, in die Blätter einschlagen und den Käse mit 1–2 weiteren Weinblättern abdecken. Mit Küchengarn fest verschnüren. Auf den Grillrost legen und bei mittlerer Hitze von jeder Seite 5 Minuten grillen.

Die Weinblätter vorsichtig aufklappen, den Käse oben aufreißen und das flüssige Innere herauslöffeln. Den Feigensenf dazu genießen.

Coq au vin vom Grill

Für 4 Personen
1 Hähnchen, küchenfertig
Salz, schwarzer Pfeffer aus der Mühle
Senfpulver
Paprikapulver
1 Dose Prosecco
5–6 Schalotten
10–15 Champignons

Das Hähnchen waschen und mit Küchenpapier trocken tupfen. Mit den Gewürzen innen und außen einreiben und die Schenkel mit Küchengarn fixieren. Etwa ein Drittel des Proseccos in eine Tasse gießen und beiseitestellen. Das Hähnchen vorsichtig auf die Dose mit dem verbleibenden Inhalt setzen, das Ganze in eine Grillschale ohne Schlitze geben und auf den Grillrost stellen. Bei geschlossenem Grilldeckel zunächst etwa 30 Minuten garen.
Die Schalotten und die Champignons putzen und zusammen mit dem restlichen Prosecco nach etwa 30 Minuten zum Hähnchen in die Grillschale geben. Nach insgesamt 50–60 Minuten Garzeit ist das Fleisch durch und innen wunderbar saftig und zart.

Natürlich wäre Champagner stilechter, aber den gibt es eben nur in der Flasche. Eine Proseccodose hat die perfekte Größe für ein normales Hähnchen. Es spricht aber nichts dagegen, erst den Prosecco als Aperitif zu trinken und die Dose dann mit französischem Wein aufzufüllen, dann ist auch geografisch alles wieder im Reinen.
Aber vergessen Sie auf keinen Fall die Grillschale, sonst passiert es Ihnen vielleicht, dass der Grill irgendwann lichterloh in Flammen steht, so wie bei meinem ersten »Coq au vin« vom Grill.

Pain Paillasse

Für 2 Brote

500 g Weizenmehl
1/4 Würfel (10 g) frische Hefe
2–3 Teelöffel Salz
280 ml eiskaltes Wasser

Alle Zutaten in eine Rührschüssel geben und mit den Knethaken zu einem schönen, homogenen Teig vermengen. Diesen in eine mit Mehl ausgestreute Schüssel geben und zugedeckt 10–12 Stunden in den Kühlschrank stellen.
Am Backtag den Backofen auf 240 Grad (Ober- und Unterhitze) vorheizen.
Den gegangenen Teig mit einem Spatel aus der Schüssel holen und in zwei Stücke teilen. Diese in die Länge ziehen und in sich zweimal verdrehen. Dann die Brotstränge auf ein mit Backpapier ausgelegtes Blech legen.
Die Brote zusammen mit einem kleinen Wassergefäß in den vorgeheizten Backofen schieben.
Nach etwa 15 Minuten die Hitze auf 200 Grad reduzieren und weitere 15 Minuten backen.

Schweinefilet mit Senfkruste

Für 4 Personen
500 g Schweinefilet
6 EL grober Senf (Rôtisseur-Senf)
4 EL Dijonsenf

Das Schweinefilet in 2–3 cm dicke Medaillons schneiden. Den groben Senf mit dem Dijonsenf mischen und dick auf die Medaillons auftragen. Das Fleisch 4–5 Stunden im Kühlschrank durchziehen lassen.
Jeweils 2–3 Medaillons flach nebeneinander auf Holzspieße stecken und auf dem Grill, am besten bei direkter Hitze auf jeder Seite 2 Minuten angrillen. Dann noch etwa 10 Minuten bei indirekter Hitze weitergrillen. Dabei gut überwachen und öfter wenden, denn die Senfkruste wird schnell dunkel; sie sorgt aber für einen unübertrefflichen Geschmack.

Eine sensationell schnelle und leckere Marinade. Eine Tube Senf findet sich schließlich in jedem Kühlschrank. Notfalls gehen auch der mittelscharfe Senf aus dem Schlumpfglas oder die Tütchen von der Imbissbude.

Sandras Getränketipp

Ein Weinland wie Frankreich auf eine einzige Weinempfehlung zu reduzieren, ist nicht nur schwierig, sondern eigentlich ein Frevel. Ich wage es trotzdem und empfehle einen im Barrique ausgebauten Chardonnay aus dem Burgund oder Chablis. Die zarten Vanillearomen dieses Weines kommen sehr gut an, er ist säurearm, schmeichelt dem Gaumen, und durch die Fülle der Barriquenote passt er auch gut zu unseren Fleischgerichten, da er kräftig genug ist, ihnen ein guter Begleiter zu sein.

Lammkoteletts provençale

Für 4 Personen

12 Lammkoteletts
Salz

Für die Marinade:

1 Knoblauchzehe
1 EL gemischte frische Kräuter
1 EL getrocknete Kräuter der Provence
3 EL Olivenöl
1/2 Zitrone, Saft
schwarzer Pfeffer aus der Mühle

Für die Marinade die Knoblauchzehe fein hacken, mit den Kräutern und dem Öl vermischen. Zitronensaft und etwas schwarzen Pfeffer dazugeben.
Die Koteletts mit der Marinade bestreichen und zugedeckt 1–2 Stunden in den Kühlschrank stellen.
Vor dem Grillen die Koteletts ein wenig abtupfen, dann auf den Grill legen und von jeder Seite 3–5 Minuten grillen. Die Lammkoteletts erst nach dem Grillen salzen.

Auch wenn Sie noch so großen Hunger haben, ersetzen Sie die Lammkoteletts nicht durch Hammel! Erhöhen Sie lieber die Anzahl der Koteletts.
Kurz gebratene Fleischstücke nie vor dem Braten salzen, sonst ziehen sie Wasser.

Kräuterbutter

125 g Butter
2 Knoblauchzehen
Rosmarin
Thymian
Majoran
Petersilie
Salz, Pfeffer
aus der Mühle

Die Butter bei Zimmertemperatur weich werden lassen. Knoblauch, Rosmarin, Thymian, Majoran und Petersilie sehr fein hacken.
Die Butter schaumig rühren, dann die gehackten Kräuter daruntermischen. Mit Salz und Pfeffer abschmecken.

Kein Rosmarin zur Hand? Dann nehmen Sie einfach ein anderes Kraut. Bei Kräuterbutter kann man ungehemmt experimentieren und trotzdem fast nichts falsch machen. Naja, Pfefferminzbutter ist vielleicht nicht jedermanns Sache.

Pfirsich mit Ziegenkäse

Für 4–6 Personen

4 reife Pfirsiche
50 g Ziegenkäse
(am besten Ziegenrolle oder Ziegenfrischkäse)
Honig
Lavendelblüten

Die Pfirsiche halbieren und die Steine entfernen. In die Mulden je ein kleines Stück Ziegenkäse geben und ein wenig Honig daraufträufeln.
Die Früchte auf den Grillrost legen und bei geschlossenem Deckel 5–10 Minuten grillen. Vor dem Servieren mit Lavendelblüten bestreuen.

Pfirsich mit Ziegenkäse? Auf den ersten Blick eine etwas bizarre Kombination. Aber sie schmeckt! Wer keinen Ziegenkäse mag, kann es auch erst mal mit Mascarpone probieren.

Beschwipste Melone

Für 4 Personen
1 Netzmelone
4 cl Floc de Gascogne oder anderer Aperitif-Likörwein

Die Melone halbieren und mit einem Löffel die Kerne entfernen. Das Fruchtfleisch mit einem Kugelausstecher herauslösen und in einer Schüssel mit dem Likörwein marinieren.
Die marinierten Melonenkugeln wieder in die ausgehöhlten Melonenhälften füllen und bei Resthitze etwa 10 Minuten im geschlossenen Grill ziehen lassen.

Als alkoholfreie Variante kann man statt des Likörweins einige Esslöffel Kokosmilch oder Vanillesirup verwenden.

MITTSOMMERNACHT

Letzten Sommer waren wir in Schweden. Auf den Spuren von Pippi Langstrumpf ... naja, jedenfalls die Kinder. Ferien in Bullerbü für die ganze Familie. Literarisch waren wir gut vorbereitet, Astrid Lindgren für die Kleinen, Henning Mankell und Håkan Nesser für die Großen.

Kulinarisch bewegten wir uns allerdings ins Niemandsland. Knäckebrot und Köttbullar kennt man ja vom schwedischen Möbelhaus. Aber sonst? Fisch in vielen Varianten stellten wir uns vor, vielleicht Elch? Vorsichtshalber packten wir einen großen Vorrat an Nudeln, diversen Fertigsaucen und Parmesan in unser Wohnmobil, um schon auf dem ersten schwedischen Campingplatz eines Besseren belehrt zu werden. Vor jedem Zelt und vor jedem Wohnwagen stand ein Grill. Gegrillt wurde jeden Tag und bei jedem Wetter. Hmmm, lekker!

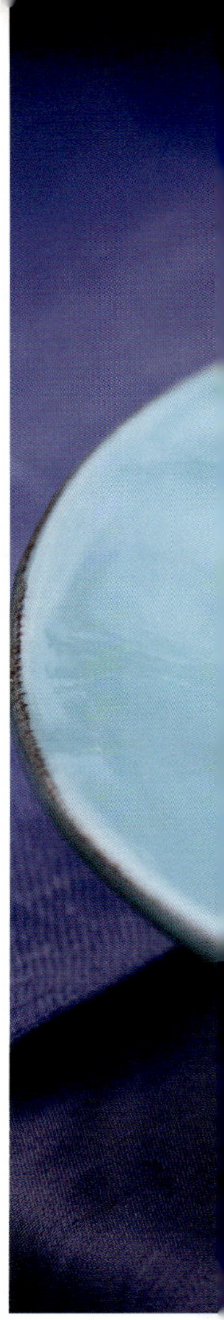

Kartoffelsalat mit falschem Kaviar

Für 6–8 Personen
1 kg Salatkartoffeln
1 Zwiebel
3–4 Frühlings- oder Lauchzwiebeln
50 g Kaviarersatz (z. B. Forellenkaviar)

Für das Dressing:
1/2 Bund Dill
3 EL Crème fraîche
3 EL Apfelessig
2 EL Sonnenblumenöl
Salz, schwarzer Pfeffer aus der Mühle

Die Kartoffeln kochen, schälen, etwas abkühlen lassen und in Scheiben schneiden. Die Zwiebel fein hacken, die Frühlingszwiebeln in dünne Ringe schneiden und beides zu den Kartoffeln geben.
Den Dill fein hacken und mit Crème fraîche, Essig, Öl, Salz und Pfeffer zu einem Dressing verrühren. Das Dressing über die Kartoffeln geben und gut mischen. Zuletzt den Fischkaviar vorsichtig darunterheben. Zum Servieren noch etwas Dill über den Salat streuen.

Für eine deftigere Variante statt des Kaviars kleine Stückchen Matjeshering unter den Salat mischen.

Traditionell feiert man das Mittsommerfest am Wochenende nach der Sommersonnenwende. Und zu essen gibt es dann die ersten neuen Kartoffeln des Jahres zusammen mit Schnittlauch, Sauerrahm und Hering.

Schweinekotelett mit Preiselbeeren

Für 4 Personen
4 Schweinekoteletts, ca. 3 cm dick
Salz, schwarzer Pfeffer aus der Mühle
6 EL Preiselbeermarmelade
1 EL Honig
4 EL mittelscharfer Senf

Die Schweinekoteletts mit Salz und Pfeffer würzen und bei direkter Hitze auf dem Grill von jeder Seite 5 Minuten grillen.
Die Preiselbeermarmelade mit Honig und Senf verrühren und die Koteletts damit bestreichen. Insgesamt noch weitere 5 Minuten grillen, dabei öfter wenden, damit die Preiselbeermarmelade nicht verbrennt.

Wann immer wir unsere Kinder in diesem Schwedenurlaub fragten, was Sie gerne essen wollten, hieß es: »Fleischklößchen«. Also gab es sie fast jeden Tag. Die Auswahl an vorgefertigten Köttbullar ist in schwedischen Supermärkten aber auch wirklich enorm. Man hat die Wahl zwischen »Mamas Köttbullar«, »Omas Köttbullar«, »Tante Ingas Köttbullar«, cholesterinarmen Köttbullar, fettarmen Köttbullar, Bio-Köttbullar und noch vielen mehr. Diese Vielfalt hat uns allerdings so überfordert, dass wir die Klößchen lieber selber machten.

Köttbullar

Für 4 Personen
1 Zwiebel
1 EL Butter
1 altbackenes Brötchen
500 g Rinderhackfleisch
4 Eigelb
1 TL Piment
Salz, schwarzer Pfeffer aus der Mühle
Preiselbeermarmelade

Die Zwiebel fein hacken und in der Butter glasig dünsten. Das Brötchen kurz in etwas Wasser einweichen.
Das Hackfleisch mit den Eigelben, der Zwiebel und den Gewürzen vermengen. Das eingeweichte Brötchen gut ausdrücken und unter den Fleischteig kneten. Mit einem Esslöffel Portionen von der Fleischmasse abstechen und zu kleinen, runden Klößchen formen.
Damit die Köttbullar nicht am Grillrost festkleben, grillt man sie am besten auf einem eingeölten Stück Alufolie oder in einer Grillpfanne, bis sie knusprig braun sind. Serviert werden sie mit einem Klecks Preiselbeermarmelade.

Warme Dillgurken

Für 4–6 Personen
2 Salatgurken
3 Schalotten
1 EL Butter
Salz, weißer Pfeffer aus der Mühle
50 ml Sahne
$^1/_2$ Bund Dill

Die Gurken schälen, halbieren, entkernen und in 2 cm große Stücke schneiden.
Die Schalotten fein hacken und in der Butter andünsten. Die Gurkenstücke dazugeben und glasig werden lassen. Mit Salz und Pfeffer würzen und die Sahne dazugeben. Bei geschlossenem Deckel und geringer Hitze 5 Minuten schmoren lassen.
Abschmecken und zum Servieren mit frisch gehacktem Dill bestreuen.

Passt perfekt zur Lachsseite unten.

Dieser Lachs ist ein echtes Festmahl. Gönnen Sie sich dazu eine Flasche Champagner oder einen richtig guten Sekt. Und wenn Sie schon eine Flasche Champagner aufmachen, dann sollten Sie auf alle Fälle ein paar Freunde dazu einladen.

Gegrillte Lachsseite

Für 6–8 Personen
1 ganze Lachsseite
1 unbehandelte Zitrone, abgeriebene Schale und Saft
2 EL grobes Meersalz
weißer Pfeffer aus der Mühle
1 EL brauner Zucker

Die Lachsseite waschen und mit Küchenpapier trocken tupfen.
Mit Zitronensaft beträufeln und mit Salz, Pfeffer, Zucker und der abgeriebenen Zitronenschale bestreuen. Die Lachsseite in einen großen Gefrierbeutel oder in Folie verpacken und 4–5 Stunden im Kühlschrank ziehen lassen.
Den Fisch aus dem Beutel oder der Folie nehmen und mit der Hautseite nach unten bei direkter Hitze und geschlossenem Deckel 15 Minuten grillen. Dann sollte der Zucker leicht karamellisiert und die Haut kross bis fast verbrannt sein. Am saftigsten ist der Lachs, wenn er nicht ganz durchgegart, sondern noch leicht glasig ist.

Hecht im Speckmantel

Für 4–6 Personen

1 Hecht von 800 g bis 1 kg
Salz, schwarzer Pfeffer aus der Mühle
3 Zweige Thymian
3 Zweige Bohnenkraut
½ Bund Petersilie
200 g Frühstücksspeck

Den Hecht säubern und schuppen oder dies vom Fischhändler besorgen lassen. Die Bauchhöhle salzen, pfeffern und mit den Kräuterzweigen füllen. Die Speckscheiben eng um den Fisch wickeln und den Fisch auf den heißen Grill legen. Bei indirekter Hitze etwa 30 Minuten garen, dabei öfter wenden, damit der Speck nicht schwarz wird.

Zugegeben, einen Hecht bekommt man nicht alle Tage. So gesehen, handelt es sich eher um ein Rezept für Angler. Wir haben eben einen Angler in der Familie, und der holt regelmäßig die schönsten Hechte aus seinem Weiher oder eben aus der schwedischen Ostsee. Petri Heil!

Geräucherte Heringe sind in Schweden immer noch eine Delikatesse. In vielen Ostseehäfen gab es Räuchereien, wo wir den fangfrischen Fisch direkt aus dem Rauch genießen konnten. Dazu gab es Brot und Butter. Oder Kartoffeln: klein, gelb und sehr lecker.

Geräucherter Hering

Für 4 Personen

4 Heringe
200 g Salz
3 l Wasser
1 EL Pfefferkörner
2 EL grobes Meersalz
1 TL brauner Zucker
Räucherchips

Die Heringe gründlich waschen und über Nacht in einer Lake aus 200 g Salz und 3 l Wasser einlegen. Am nächsten Tag die Heringe aus der Salzlake nehmen und mit Küchenpapier gründlich abtrocknen.
Die Pfefferkörner im Mörser zerstoßen und mit Salz und Zucker mischen. Die Heringe mit dieser Gewürzmischung innen und außen einreiben und etwa 1 Stunde ruhen lassen.
Die Räucherchips nach Anleitung (meistens 30 Minuten) in Wasser einweichen. Währenddessen den Grill anheizen. Bei einem Holzkohlegrill kann man die Räucherchips direkt auf die weiß glühenden Kohlen geben. Verwendet man einen Gasgrill, packt man die Chips in Alufolie, die man mehrmals einsticht und so auf den Grill legt. Sobald die Holzspäne rauchen, werden die Heringe auf den Grill gelegt, am besten nicht direkt über den Rauch, sondern ein wenig abseits. Den Grilldeckel schließen und die Heringe 20 Minuten räuchern. Den Deckel während des Räucherns möglichst selten öffnen.
Fertig sind die Heringe, wenn sie eine goldene Färbung angenommen haben und das Fleisch auf Druck leicht nachgibt.

Holunderblütensorbet

Für 6–8 Personen
100 g Zucker
200 ml Wasser
1 Zitrone, Saft
300 ml Holunderblütensirup

Den Zucker im Wasser aufkochen lassen und auskühlen lassen. Die Zitrone auspressen und den Saft zusammen mit dem Holunderblütensirup dazu geben. Die Flüssigkeit in eine Eismaschine einfüllen und cremig rühren lassen, oder in eine Schüssel geben und im Gefrierschrank gefrieren lassen.
Dann muss die Masse alle 15 Minuten gut durchgerührt werden.
Zum Anrichten am besten in vorher gekühlte Gläser geben.

So eine Kugel Holunderblütensorbet passt auch wunderbar in ein Glas Prosecco.

Sandras Getränketipp

Wein aus Schweden? Es gibt ihn, aber sehr, sehr selten und hierzulande nur selten zu kaufen. Als die ersten Produzenten ihre zarten Pflänzchen anbauten, wurden sie noch belächelt. Mittlerweile gibt es »Château Bullerbü« – wie ein Weingut im Volksmund liebevoll genannt wird – seit Anfang der 80er Jahre. Allerdings ist Alkohol in Schweden sehr teuer und nur in Alkoholmonopolgeschäften erhältlich. Mein Tipp ist deshalb der sehr beliebte »Cider« aus Äpfeln, Birnen oder Blaubeeren.

Zimtschnecken

Für etwa 15 Stück
500 g Mehl
1 Würfel (40 g) Hefe
200 ml Milch, lauwarm
100 g Zucker
80 g Butter
1/4 TL Salz
1/2 TL Kardamom
1 Ei

Für die Füllung:
100 g Butter
200 g Zucker
5 TL Zimtpulver

Das Mehl in eine Schüssel sieben und eine Mulde bilden. Die Hefe in einer Tasse zerbröseln, mit einem Teelöffel Zucker und etwas lauwarmer Milch glatt rühren und in die Mehlmulde gießen. Etwas Mehl darüberstäuben und 15 Minuten gehen lassen, bis sich im Mehl Risse bilden.
Die restliche lauwarme Milch, Zucker, Butter, Salz, Kardamom und das Ei dazugeben und kräftig durchkneten. Den Hefeteig zugedeckt an einem warmen Ort 30 Minuten gehen lassen.
Inzwischen für die Füllung die Butter zimmerwarm werden lassen und mit Zucker und Zimt zu einer cremigen Masse verrühren.
Den Teig auf einer bemehlten Arbeitsfläche etwa 1/2 cm dick zu einem großen Rechteck auswallen. Die Füllung darauf ausstreichen und die Teigplatte von der Längsseite her aufrollen. Von der Rolle etwa 2 cm dicke Stücke abschneiden und mit etwas Abstand auf ein mit Backpapier ausgelegtes Backblech legen. Die Zimtschnecken mit einem sauberen Tuch abdecken und noch einmal 20 Minuten gehen lassen.
Die Zimtschnecken im Ofen bei 175 Grad 20–25 Minuten backen. Mit Puderzucker bestreut servieren.

Original heißen diese leckeren Zimtschnecken übrigens »Kanelbullar«, was im Urlaub für einige Verwirrung sorgte, hatte meine vierjährige Tochter doch »Kamelbollen« verstanden.

Heidelbeer-Crumble

Für 4–6 Personen
500 g Heidelbeeren
3 EL Vanillezucker
1 TL Speisestärke
3 EL Wasser

Für die Streusel:
200 g Mehl
150 g Zucker
150 g kalte Butter

Die Heidelbeeren in einem Topf mit dem Vanillezucker vermischen. Die Speisestärke mit 1 Esslöffel Wasser glatt rühren und mit dem restlichen Wasser zu den Heidelbeeren geben. Die Heidelbeeren kurz aufkochen und dann in eine gebutterte flache feuerfeste Form geben. Für die Streusel das Mehl und den Zucker in einer Schüssel mischen. Die Butter in kleinen Flöckchen darauf verteilen und mit den Fingerspitzen alles verreiben, bis eine bröselige Masse entstanden ist. Die Streusel auf die Heidelbeeren verteilen und den Crumble bei 200 Grad im Ofen backen, bis die Streusel goldbraun sind.

Man kann den Crumble auch im geschlossenen Grill zubereiten; je nach Resthitze dauert es kürzer oder länger. Also einfach immer wieder nachgucken.

1001 NACHT

Als ich elf Jahre alt war, flogen meine Eltern in den Sommerferien mit uns nach Tunesien. Das klingt heute, wo es günstige Pauschalreisen in aller Herren Länder gibt, nicht mehr besonders spektakulär, aber damals war es das für mich. Allein die Vorstellung, dass ich in Afrika war. Gigantisch!

Zwei Wochen Rundreise brachten uns in die Sahara, den Schott el Djerid, in Oasenstädte, Moscheen und unzählige Basare. Und die beeindruckten mich am meisten. Das Gewimmel der Menschen, die Gerüche exotischer Speisen, die Läden mit Silberschmuck oder Lederwaren, die Teppich- und Stoffhändler und die Gewürze, die in unzähligen großen und kleinen Säcken angeboten wurden – faszinierend.

Jahre später hing in meinem Arbeitszimmer ein Bild. Darauf farbenprächtige Gewürze in großen Säcken in einem Basar.
Es zierte lange die Wand über meinem Schreibtisch. Als aus meinem Arbeitszimmer das Kinderzimmer unserer Tochter wurde, fand die das Bild »so schön bunt«, dass wir es hängen ließen. Bis letztes Jahr.
Da hat sie sich in Schweden ein Pippi-Langstrumpf-Poster ausgesucht. Aber da ihr vielleicht in ein paar Jahren das Pippi-Bild nicht mehr gefällt, habe ich vorsichtshalber jenes vom Basar aufgehoben.

Köfte mit Minzjoghurt-Dip

Für 4 Personen

500 g Lammhackfleisch
2 kleine Zwiebeln
2 Knoblauchzehen
1/2 Bund Petersilie
3–4 getrocknete Tomaten
1 EL Olivenöl
2 EL Kichererbsenmehl
1 Chilischote, entkernt
1 TL Kreuzkümmel
1 TL Korianderpulver
1 Ei
Salz, schwarzer Pfeffer aus der Mühle

Für den Minzjoghurt-Dip:

150 g Naturjoghurt
Salz, schwarzer Pfeffer aus der Mühle
5–10 frische Minzeblätter, klein geschnitten

Für das Minzjoghurt das Joghurt mit Salz, Pfeffer und den Minzblättern mischen. Im Kühlschrank kalt stellen.

Für die Köfte Zwiebeln, Knoblauch und Petersilie fein hacken, die getrockneten Tomaten klein schneiden und alles im Olivenöl andünsten. Das Kicherebsenmehl darüberstreuen und gut verrühren. Vom Herd nehmen und etwas abkühlen lassen. Die Chilischote klein hacken und zur Zwiebelmischung geben. Kreuzkümmel und Koriander fein mörsern. Alles zusammen mit dem Ei zum Lammhackfleisch geben, mit Salz und Pfeffer würzen und die Fleischmasse kräftig durchkneten.

Mit nassen Händen aus der Fleischmasse Bällchen formen, diese leicht flach drücken und mit Öl bestreichen. Die Köfte bei direkter Hitze insgesamt 6–8 Minuten grillen, dabei einmal wenden. Die Köfte mit dem Minzjoghurt-Dip servieren.

Wenn Sie kein Lammhackfleisch bekommen, können Sie natürlich auch Rinderhack verwenden.

Shish Kebab

Für 4 Personen

500 g Rinderhackfleisch
1 Zwiebel
1/2 Bund Petersilie
1/2 Bund Koriander
1 rote Chilischote
Salz, schwarzer Pfeffer aus der Mühle

Zwiebel, Petersilie und Koriander fein hacken. Die Chilischote entkernen und klein schneiden. Alles zum Hackfleisch geben, mit Salz und Pfeffer würzen und die Fleischmasse gut durchkneten. Im Kühlschrank etwa 30 Minuten ruhen lassen.
Große Metallspieße mit etwas Öl einreiben. Falls Holzspieße verwendet werden, diese vor der Verwendung mindestens 20 Minuten in kaltes Wasser legen. Das Hackfleisch mit angefeuchteten Händen um die Spieße legen und formen. Auf dem Grill 8–10 Minuten garen; die Spieße dabei öfter wenden.

Wenn Ihre Hackspieße am Grillrost festkleben, legen Sie ein paar Steinplatten auf den Grill und platzieren Sie die Spieße darauf wie auf dem Foto.
Den Fleischteig können Sie statt mit Petersilie und Koriander auch mit ein wenig Kreuzkümmel und ein paar Rosinen würzen.

Fladenbrot

Ergibt 8–10 Stück

1 Würfel (40 g) frische Hefe
300 ml lauwarmes Wasser
200 g Roggenmehl
100 g Weizenmehl
40 g Speisestärke
1 EL Öl
1/2 TL Salz
1/2 TL Kurkuma
1/2 TL Paprikapulver
1 Ei
2 EL Sesam oder Schwarzkümmel

Die Hefe mit etwas Wasser und Mehl glatt rühren und etwa 10 Minuten stehen lassen, bis sie leicht aufgegangen ist. Die restlichen Zutaten außer dem Ei und dem Sesam oder Schwarzkümmel dazugeben und zu einem festen Teig kneten. Zugedeckt an einem warmen Ort etwa 15 Minuten gehen lassen.

Den Teig in 8–10 gleich große Portionen teilen und diese mit bemehlten Händen zu etwa handgroßen Fladen formen. Diese auf ein mit Backpapier belegtes Backblech geben und nochmals 15 Minuten gehen lassen.

Das Ei verquirlen, die Fladen damit bestreichen und mit Sesam oder Schwarzkümmel bestreuen. Im Ofen bei 180 Grad 10–12 Minuten goldbraun backen.

Falls Sie einen Grillstein oder eine Grillplatte haben, lohnt sich vielleicht der Versuch, die Fladen bei geschlossenem Deckel und gleichmäßiger Hitze auf dem Grill zu backen.

Hummus Kichererbsenpüree

Für 4–6 Personen
250 g Kichererbsen
750 ml Wasser
3 Knoblauchzehen
2–3 EL Sesampaste
1 Zitrone, Saft
3 EL Olivenöl
Salz
etwas gehackte Petersilie

Die Kichererbsen 10–12 Stunden oder am besten über Nacht in kaltem Wasser einweichen.
Am nächsten Tag das Einweichwasser abgießen und die Kichererbsen in frischem Wasser ohne Zugabe von Salz zum Kochen bringen und 45 Minuten bis 1 Stunde kochen, bis sie weich sind. Abgießen, dabei das Kochwasser auffangen und beiseitestellen.
Die Kichererbsen in den Mixer geben. Die Knoblauchzehen schälen und dazupressen, Sesampaste, Zitronensaft, Olivenöl, Salz und so viel vom Kochwasser beifügen, dass ein cremiges Püree entsteht. Abschmecken und mit etwas Petersilie bestreut servieren.

Manchmal haben Kichererbsen noch eine sehr dünne Haut, diese kann man entweder nach dem Kochen abziehen oder man püriert die Erbsen einfach ein bisschen länger.

Sesamsauce

1 Knoblauchzehe
3 EL Sesampaste
2 EL Zitronensaft
100 g Naturjoghurt
Salz
Petersilie oder Koriander, fein gehackt

Die Knoblauchzehe fein hacken und mit Sesampaste und Zitronensaft und dem Joghurt mischen. Mit Salz abschmecken und mit etwas Koriander oder Petersilie bestreut servieren.

Schmeckt genial zu Fladenbrot und gegrilltem Fleisch.

Tabouleh

Für 4–6 Personen
375 ml Wasser
Salz
250 g Couscous
10 Kirschtomaten
1 Salatgurke
1–2 Schalotten
1 Bund glatte Petersilie
10 Blätter Minze
1 Zitrone, Saft
5 EL Olivenöl
Salz, schwarzer Pfeffer aus der Mühle

Das Wasser mit etwas Salz zum Kochen bringen. Vom Herd nehmen, den Couscous einrühren und 10–15 Minuten quellen lassen, dabei gelegentlich umrühren, damit sich keine Klümpchen bilden.
Die Tomaten vierteln, die Gurke klein würfeln. Schalotten, Petersilie und Minze fein hacken. Zum Couscous geben und mischen. Den Zitronensaft und das Olivenöl verrühren und ebenfalls dazugeben. Mit Salz und schwarzem Pfeffer abschmecken. Das Tabouleh vor dem Servieren noch etwas durchziehen lassen.

Pistazienreis

Für 4 Personen
1 Zwiebel
1 EL Ghee oder Butterschmalz
3 Kardamomkapseln
1 Zimtstange
200 g Langkornreis
500 ml Gemüsebrühe
50 g grüne Pistazien

Die Zwiebel fein hacken und in Ghee oder Butterschmalz glasig dünsten. Kardamomkapseln, Zimtstange und den Reis dazugeben und mit andünsten. Mit der Brühe ablöschen und etwa 20 Minuten leise köcheln lassen, bis das Wasser vollständig aufgesaugt und der Reis gar ist. Die Pistazienkerne daruntermischen.

Orientalische Hähnchenspieße

Für 4 Personen

500 g Hähnchenbrustfilet
1 TL Kreuzkümmel
1/2 TL Korianderpulver
1/2 TL Kurkuma
1/2 TL Kardamom
1 Knoblauchzehe, fein gehackt
1 EL Olivenöl
Salz, weißer Pfeffer aus der Mühle

Die Hähnchenbrustfilets in etwa 4 cm große Stücke schneiden. Kreuzkümmel und Koriander fein mörsern, mit Kurkuma und Kardamom vermischen. Die Gewürzmischung unter das Olivenöl rühren, den gehackten Knoblauch dazugeben. Die Hähnchenstücke mit der Marinade vermengen und im Kühlschrank 30 Minuten ziehen lassen.
Die Fleischstücke auf Spieße stecken und bei direkter Hitze von jeder Seite 2–3 Minuten grillen. Mit Salz und Pfeffer bestreuen und servieren.

Als Variante können Sie ein paar Stücke Spitzpaprika zwischen die Hähnchenstücke stecken.

Stecken Sie das Fleisch mit etwas Abstand auf die Spieße, dann ist es wesentlich schneller durch.

Rosenpudding mit Berberitzensauce

Für 4–6 Personen
1 Päckchen Sahnepuddingpulver
500 ml Milch
3–4 EL Zucker
einige Tropfen Rosenwasser

Für die Berberitzensauce:
50 g Berberitzenbeeren
50 ml Kirschsaft
100 ml Wasser
2–3 EL Honig

Das Puddingpulver mit einigen Esslöffeln Milch und dem Zucker verrühren. Die restliche Milch zum Kochen bringen und das angerührte Puddingpulver einrühren. Den Pudding aufkochen lassen, bis er eingedickt ist, dann vom Herd nehmen und kurz abkühlen lassen. Mit ein paar Tropfen Rosenwasser abschmecken. Den Pudding in Gläser füllen und kalt stellen.
Für die Sauce die Berberitzen mit dem Kirschsaft und dem Wasser in einem Topf aufkochen. Den Honig dazugeben und die Flüssigkeit langsam einkochen, bis eine zähflüssige Sauce entstanden ist. Die Sauce abkühlen lassen und vor dem Servieren auf den Pudding geben.

Rosenwasser schmeckt sehr intensiv und ist nicht unbedingt jedermanns Sache. Daher sollte man es vorsichtig dosieren: Ein Hauch von Rosenwasser im Pudding schmeckt sehr exotisch, zu viel davon wirkt für europäische Geschmäcker zu stark parfümiert.

Sandras Getränketipp

Orientalischer Mokka. Stark, heiß und süß soll er sein.

Orientalischer Mokka

Für 4–6 Personen
150 ml Wasser
3 TL sehr fein gemahlener Kaffee (Mokkapulver)
2 TL Zucker
1 Msp. gemahlener Kardamom

Wasser, Kaffeepulver, Zucker und Kardamom in einem Stieltopf zum Kochen bringen. Die Mischung aufschäumen lassen, kurz vom Herd nehmen, umrühren und erneut aufkochen, bis wieder Schaum aufsteigt. Diese Prozedur dreimal wiederholen, dann den heißen Mokka in die Tassen gießen. Den Mokka kurz stehen lassen, damit sich die gröberen Bestandteile absetzen können. Feinere Rückstände kann man mittrinken.

Minztee

Für 4–6 Personen

3 Zweige frische Minze
3 TL grüner chinesischer Tee (Gunpowder)
1 l Wasser
4–5 EL Zucker

Die Minze waschen, einige Blättchen abzupfen und beiseitelegen. Den grünen Tee in eine Teekanne geben und mit etwa 80 Grad heißem Wasser übergießen. Diesen ersten Aufguss sofort abgießen und wegschütten. Dann die Minzzweige in die Teekanne geben und erneut frisches etwa 80 Grad heißes Wasser darübergießen. Den Zucker dazugeben und den Tee maximal 3 Minuten ziehen lassen.
Das Getränk in einem langen Strahl aus der Kanne in ein Teeglas gießen. Den Tee wieder zurück in die Kanne füllen und diesen Vorgang zwei- bis dreimal wiederholen.
Die beiseitegelegten Minzblätter auf die Teegläser verteilen, den Tee eingießen und möglichst heiß servieren.

Heißer Tee an heißen Tagen? Aber unbedingt! Minztee ist nicht nur lecker, sondern auch sehr erfrischend. Probieren Sie es, auch wenn sich die Zubereitung erst etwas langwierig anhört, es lohnt sich!

ACHT KOSTBARKEITEN

Kennen Sie das? Sie sitzen in einem asiatischen Restaurant und lesen auf der Karte »Ente mit acht Kostbarkeiten«.
In Klammern steht dabei: Cashewkerne, Bambus, Morcheln, Gemüse … Automatisch fängt man an zu zählen und kommt statt der angeblich acht Kostbarkeiten nur auf vier; aber Gemüse ist schließlich ein dehnbarer Begriff. Wenn der Teller kommt, zähle ich nochmals: Cashewkerne, Bambus, Morcheln, Zwiebeln, Paprika, Sojasprossen und Knoblauch. Wird die Ente vielleicht auch mitgezählt? Oder das Glutamat? Und sind Zwiebeln und Knoblauch in Asien wirklich so kostbar?

Um solche Fragen abschließend zu klären, müsste man wohl tiefer in die fernöstliche Philosophie und Weisheit eintauchen.

Oder man bleibt zu Hause und grillt einfach die folgenden acht Kostbarkeiten – Sie können noch so oft nachzählen – es stimmt!

Saté-Spieße

Satéspieße gibt es in Asien an jeder Ecke. Sie sind perfektes Fingerfood und schmecken einfach köstlich.

Für 4 Personen

500 g Hühnerbrust
200 ml Kokosnussmilch
½ TL rote Currypaste
3 EL Sojasauce
½ EL Chiliflocken
3 EL Erdnusscreme
1 Prise Cayennepfeffer

Die Hühnerbrust in lange, dünne Streifen schneiden.
Für die Marinade die Kokosnussmilch mit Currypaste, Sojasauce, Chiliflocken, Erdnusscreme und Cayennepfeffer verrühren. Einige Löffel der Marinade als Sauce beiseitestellen. Das Hühnerfleisch in der restlichen Marinade einlegen und 4–5 Stunden im Kühlschrank ziehen lassen.
Das Fleisch aus der Marinade nehmen und wellenförmig auf kurze Bambusspieße stecken. Bei mittlerer Hitze von jeder Seite 5 Minuten grillen. Die Satéspieße mit der beiseitegestellten Erdnusssauce servieren.

Fisch im Bananenblatt mit Mango-Kokos-Dip

Für 4 Personen

600 g Tilapia- oder anderes festes Fischfilet
2 Limetten
2 Knoblauchzehen
1 Stück Ingwerwurzel (2–3 cm)
2 EL Sojasauce
1 EL Sesamöl
4 Bananenblätter
3 rote Chilischoten
1/2 Bund Koriander

Für den Dip:

3–5 EL Mango-Chutney
3 EL Kokosmilch
1 Msp. Currypulver

Die Fischfilets in vier gleichmäßige Portionen teilen.
Eine der Limetten auspressen, die andere in Scheiben schneiden. Die Knoblauchzehen fein hacken, den Ingwer klein schneiden und zusammen mit dem Limettensaft, der Sojasauce und dem Sesamöl verrühren. Den Fisch etwa 20 Minuten in dieser Marinade ziehen lassen.
Die Bananenblätter feucht abwischen. Auf jedes Bananenblatt ein Fischfilet mit etwas Marinade legen. Eine Limettenscheibe, etwas fein geschnittene Chili und fein gehackten Koriander dazugeben.
Das Bananenblatt zusammenfalten, mit Küchengarn aus Baumwolle verschließen und für 15–20 Minuten bei indirekter Hitze auf den Grill legen.

Für den Dip das Mango-Chutney in einem Topf erwärmen, mit der Kokosmilch mischen und etwas einköcheln lassen. Mit Curry abschmecken. Abkühlen lassen.

Bananenblätter kaufen Sie am besten im Asialaden. Bananenblätter aus der Gärtnerei sind meist behandelt und nur zu Dekorationszwecken bestimmt. Essbar sind sie aber so oder so nicht.

Gurken-Joghurt-Dip

1 EL Schwarzkümmel
1 Stück Salatgurke (ca. 10 cm)
150 g Naturjoghurt
1/4 TL Kreuzkümmel
Salz, schwarzer Pfeffer aus der Mühle

Den Schwarzkümmel in einer beschichteten Pfanne ohne Öl rösten, bis er duftet.
Die Salatgurke schälen, entkernen und in kleine Stücke schneiden, mit etwas Salz bestreuen und Wasser ziehen lassen.
Den Joghurt mit Kreuzkümmel, Salz und Pfeffer verrühren und die Schwarzkümmelsamen beifügen. Die Gurkenstückchen abtropfen lassen und unter den Joghurt heben.

Hähnchenfilet Tandoori

Für 4 Personen
500 g Hähnchenbrust
200 g Naturjoghurt
2 EL Tandoori-Paste
2 Knoblauchzehen

Die Hähnchenbrust in lange Stücke schneiden.
In einer Schüssel den Joghurt und die Tandoori-Paste verrühren. Den Knoblauch pressen und dazugeben. Die Hähnchenstücke in die Joghurtmarinade legen und im Kühlschrank 4–5 Stunden marinieren.
Die Hähnchenbrust bei mittlerer Hitze von allen Seiten insgesamt 8–10 Minuten grillen. Mit Gurken-Joghurt-Dip servieren.

Garnelen mit Zitronenblatt

Für 4 Personen
12 Garnelen
3–4 Zitronen
1 EL Öl
2 EL Sojasauce
24 Zitronenblätter

Die Garnelen waschen, schälen und den Darm entfernen. Den Saft einer halben Zitrone mit Öl und Sojasauce mischen und die Garnelen darin 30 Minuten marinieren.
Vor dem Grillen die überschüssige Flüssigkeit abtupfen. Jede Garnele zusammen mit einem Zitronenblatt auf einen Bambusspieß stecken. 5 Minuten grillen, dabei öfter wenden.
Die Zitronen halbieren oder in Scheiben schneiden und ebenfalls mitgrillen. Die Garnelen mit den gegrillten Zitronen servieren.

Tipp: Tun Sie sich etwas Gutes und kaufen Sie Bio-Garnelen! Wenn Ihnen diese zu teuer sind, verzichten Sie lieber darauf. Sonst könnten Sie nämlich unter Umständen eine Menge anderer Sachen mitessen, die Sie gar nicht haben wollten: Antibiotika, Pestizide, Schwermetalle …

Hähnchen auf Zitronengrasspießen

Für 4 Personen
500 g Hähnchenbrust
2 Knoblauchzehen
4 EL Sojasauce
2 EL Sweet Chili Sauce
8 Stängel Zitronengras

Die Hähnchenbrust in lange Streifen schneiden.
Die Knoblauchzehen fein hacken und mit Sojasauce und Sweet Chili Sauce mischen. Die Hähnchenstreifen darin einige Stunden marinieren.
Das Fleisch aus der Marinade nehmen und wellenförmig auf die Zitronengrasstängel spießen. Die Hähnchenspieße von jeder Seite etwa 5 Minuten grillen.
Sojasauce und Sweet Chili Sauce in kleine Dipschälchen geben und mit den Spießen servieren.

STRE

Red Snapper

Für 4 Personen

1 Red Snapper
½ Bund Koriander
4 Frühlingszwiebeln
1 EL Fischsauce
2 EL Reisessig
2 EL Sesamöl
1 Prise brauner Zucker
1 unbehandelte Zitrone, abgeriebene Schale
Salz, schwarzer Pfeffer aus der Mühle

Den Fisch innen und außen gründlich waschen und abtrocknen.
An der dicksten Stelle auf beiden Seiten mit einem scharfen Messer etwa ½ cm tief einschneiden.
Koriander und Frühlingszwiebeln klein schneiden und mit Fischsauce, Reisessig, Sesamöl, etwas braunem Zucker und ½ TL abgeriebener Zitronenschale mischen.
Die Zitrone schälen und die Filets auslösen.
Den Fisch innen salzen und pfeffern. Die Zitronenfilets und einen Teil der Kräutermischung in die Bauchhöhle geben und diese mit einem Zahnstocher verschließen. Die restliche Kräutermischung beiseitestellen.
Den Fisch außen mit etwas Öl einreiben und von jeder Seite 8–10 Minuten grillen. Er ist dann fertig gegart, wenn sich die Rückenflosse ganz leicht lösen lässt. Den Fisch mit der restlichen Kräutersauce servieren.

Wer die intensiv riechende Fischsauce nicht mag, kann sie auch durch Sojasauce ersetzen.

Gegrillte Banane

Für 4–6 Personen

4 Bananen

6 EL Honig

Die Bananen samt Schale längs halbieren. Mit der Schalenseite nach unten auf den restwarmen Grill legen und einige Minuten grillen. Das Fruchtfleisch sollte weich und warm werden. Die Bananen anrichten und mit dem Honig beträufeln.

Alternativ kann man eine Kugel Eis dazu servieren oder etwas Zartbitterschokolade darüberraspeln.

Sandras Getränketipp

Es gibt zwar tatsächlich Wein aus Asien, der auch wirklich gut schmeckt. Aber er ist nur selten in den Regalen unserer Weinhandlungen zu finden. Von den hiesigen Gewächsen gibt es allerdings nur eines, das richtig gut zu unseren asiatischen Köstlichkeiten passt: Riesling halbtrocken oder feinherb. Durch den Restzuckergehalt im Wein und das zarte Spiel von Säure und Frucht ergibt sich eine unglaubliche Harmonie zwischen Speisen und Wein. Und wenn das Essen vorbei ist, schmeckt der Wein immer noch – und Sie können auch hier nachzählen; vielleicht ergibt die Anzahl der leeren Flaschen ja auch acht?!

275

ROUTE 66

Nein, das ist keine Anleitung für ein original amerikanisches Barbecue. Hier geht es ums Grillen! Das tun Amerikaner nämlich auch. Von Washington bis Florida und von Connecticut bis Texas. Aber es gibt einen großen Unterschied zwischen Barbecue und Grillen. Ein echt amerikanisches Barbecue ist eine langwierige und ernsthafte Angelegenheit, natürlich nur in der Zubereitung. Ansonsten handelt es sich um eine recht gesellige Veranstaltung, bei der das Fleisch schon mal für sechs bis acht Stunden in einen »Smoker« wandert und ganz langsam und sachte gegart wird. Die folgenden Rezepte dauern nicht ganz so lange.

Wem das USA-Feeling so nicht ausreicht, der kann sich ja mit kariertem Flanellhemd, Cowboystiefeln und Hut ausstatten. Dazu noch Johnny Cash aus der Stereoanlage – und schon fühlt man sich wie in »Anytown, USA«.

Beim Burger hat man die Qual der Wahl: Mit Käse oder ohne? Mit Tomate und/oder Salat und/ oder Zwiebelringen? Ketchup, Mayo oder Senf? Oder alles? Ihren ganz persönlichen perfekten Burger werden Sie sicher bald entdecken.

Klassischer American Burger

Für 4 Personen
600 g Rinderhackfleisch
Salz, schwarzer Pfeffer aus der Mühle
Worcestersauce
4 Hamburger Buns (fertig gekauft oder siehe Seite 168)

Das Hackfleisch mit Salz, Pfeffer und einem Spritzer Worcestersauce würzen und gut durchkneten. Vier Burger formen und diese etwas flach drücken. Die Burger bei direkter Hitze von jeder Seite etwa 3 Minuten grillen.
Die Hamburger Buns auf dem Grill anwärmen und die fertigen Burger darauf anrichten und nach Belieben garnieren (siehe unten).

Als Anregung noch einige Varianten:

Burger mit Roquefort

Roquefort ist ein würziger Blauschimmelkäse aus rcher Schafsmilch. Grillen Sie Ihren Burger wie oben beschrieben und belegen Sie ihn nach dem Umdrehen mit einigen Stückchen Roquefort. Der Käse schmilzt leicht in den Burger hinein und gibt ihm einen sensationellen Geschmack.

Burger mit Cheddar und Speck

Cheddar ist ein milder Kuhmilchkäse aus England, der sich vor allem durch seine orange Färbung auszeichnet.
Speckscheiben auf dem Grill knusprig braten. Den Cheddarkäse auf den Burger geben und leicht schmelzen lassen. Die Speckscheiben darauflegen und den Burger im Brötchen servieren.

Burger mit gegrillten Zwiebeln

3–4 rote Zwiebeln in Ringe schneiden. 2 EL Olivenöl mit Salz und Pfeffer verrühren und die Zwiebeln darin einige Stunden ziehen lassen. Die marinierten Zwiebelringe in eine Grillschale geben und auf dem Grill bräunen. Die gegrillten Zwiebeln auf den Burger legen und noch etwas würzen.

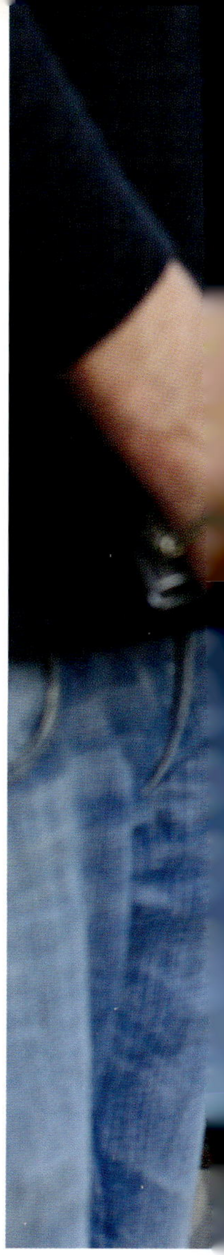

Hamburger Buns

Für 12 Stück

500 g Mehl
1 Würfel (40 g) frische Hefe
2 EL Zucker
240 ml Milch, lauwarm
60 g Butter
1 Ei
1 TL Salz

Das Mehl in eine Schüssel geben und eine Mulde hineindrücken. Die Hefe in die Mulde bröseln, den Zucker dazugeben und mit etwas lauwarmer Milch zu einem Vorteig verrühren. Mit wenig Mehl bestäuben und zugedeckt 15 Minuten gehen lassen. Dann die weiche Butter, Ei und Salz dazugeben und kräftig kneten. Den Teig zugedeckt 1 Stunde gehen lassen. Dann den Teig noch einmal durchkneten, in 12 gleich große Stücke teilen, diese zu Kugeln formen und etwas flach drücken, sodass sie etwa 1 cm hoch sind. Mit genügend Abstand auf ein mit Backpapier ausgelegtes Blech legen. Mit einem Küchentuch abdecken und nochmals 45 Minuten gehen lassen. Die Hamburgerbrötchen sollen dann schön aufgegangen sein. Im Ofen bei 175 Grad 15 Minuten backen.

Eigentlich ganz einfach, nur etwas zeitaufwendig. Haben Sie die Zeit nicht, dann kaufen Sie einfach fertige Hamburger Buns.

Tomatenketchup

500 g vollreife Tomaten
1 Zwiebel
5 EL Essig
125 g brauner Zucker
1 TL Salz
1 Msp. Nelkenpulver
schwarzer Pfeffer
aus der Mühle

Die Tomaten waschen, vierteln und den Strunk entfernen. Die Zwiebel schälen und in grobe Stücke teilen. Die Tomaten- und Zwiebelstücke zusammen mit den anderen Zutaten in einen Topf geben und langsam zum Kochen bringen. Bei schwacher Hitze etwa 1 Stunde ohne Deckel kochen lassen; dabei öfter umrühren. Wenn die Masse gut eingekocht ist, den Topf vom Herd nehmen und das Ketchup lauwarm abkühlen lassen. Anschließend im Mixer pürieren.

Selbst gemachtes Ketchup ist ein wahrer Gaumenschmaus. Außerdem ist es eine gute Möglichkeit, dem Tomatenüberfluss im Sommer Herr zu werden. Heiß in sterilisierte Gläser abgefüllt, lässt es sich auch auf Vorrat herstellen.

Country Potatoes mit Szechuanpfeffer

Für 6–8 Personen
1 kg festkochende Kartoffeln
8 EL Olivenöl
1 EL Paprikapulver, edelsüß
2 EL Szechuanpfeffer
$^1/_2$ TL Pimentón de la Vera (geräuchertes Paprikapulver)
1 EL grobes Meersalz

Die Kartoffeln schälen und längs in Spalten schneiden.
Das Olivenöl mit Paprika, Szechuanpfeffer und Pimentón mischen.
Die Kartoffelspalten mit dem Würzöl mischen und auf ein mit Backpapier ausgelegtes Backblech geben. Bei 200 Grad im Ofen oder in einer Grillschale ohne Schlitze auf dem Grill etwa 30 Minuten backen.
Mit wenig grobem Meersalz bestreut servieren.

Barbecue-Sauce

150 ml Ketchup
150 ml Apfelsaft
2 EL Essig
2 EL Sojasauce
2 EL Rotwein
1–2 TL Worcestersauce
2–3 EL Ahornsirup
1 Msp. Chilipulver
1 Knoblauchzehe, gepresst
1/4 TL schwarzer Pfeffer aus der Mühle

Sämtliche Zutaten in einen Topf geben, aufkochen und einige Minuten köcheln lassen, dann vom Herd nehmen und nochmals abschmecken.

Die klassische Barbecue-Sauce gibt es nicht, jede Familie in den USA hat ihr eigenes Spezialrezept. Probieren Sie einfach aus, was Ihnen am besten schmeckt. Sie mögen die Sauce lieber süßer? Dann geben Sie ein bisschen mehr Ahornsirup dazu. Oder lieber schärfer? Dann etwas mehr Chili und so weiter.

Baked Potatoes

Für 4 Personen
4 große mehligkochende Kartoffeln
Butter
Salz
100 g Sauerrahm

Den Backofen auf 200 Grad vorheizen. (Zur Grillvariante siehe Tipp.) Die Kartoffeln waschen, gründlich abbürsten und abtrocknen. Mit einer Gabel einige Male einstechen und auf ein mit Backpapier ausgelegtes Blech legen. Im vorgeheizten Backofen 45–60 Minuten backen. Um zu testen, ob die Kartoffeln fertig gegart sind, mit einem Messer anstechen. Die fertig gegarten Kartoffeln oben einschneiden, den Spalt etwas auseinanderdrücken und etwas Butter und Salz hineingeben. Zum Servieren noch mit einem Klecks Sauerrahm krönen.

Alternativ können Sie die Kartoffeln auch in Alufolie einpacken und direkt in der Glut des Grills mitgaren; sie brauchen mindestens 30 Minuten, je nach Größe eventuell auch länger. Geschmacklich sind sie dann interessanter als aus dem Backofen.

Spare Ribs

Für 4–6 Personen
1,5 kg Schälrippchen

Für die Marinade:
50 ml Tomatenketchup
2 EL Barbecue-Sauce
2 EL Essig
2 EL Ahornsirup
1 TL Paprikapulver, edelsüß
1/2 TL Pimentón de la Vera (geräuchertes Paprikapulver)
1/2 TL Salz, schwarzer Pfeffer aus der Mühle

Die Zutaten für die Marinade mischen und die Rippchen damit rundherum bestreichen. Die Rippchen in einen Plastikbeutel legen, die Luft herausdrücken und die Rippchen im verschlossenen Beutel im Kühlschrank 4–5 Stunden marinieren. Die restliche Marinade zum Glasieren beiseitestellen.
Die Rippchen aus dem Beutel nehmen und bei mittlerer Hitze bei geschlossenem Deckel etwa 45 Minuten grillen. Dabei öfter wenden und erst in den letzten 15 Minuten mehrmals mit der beiseitegestellten Glasur bestreichen.
Die Spare Ribs mit der Barbecue-Sauce und Ofenkartoffeln servieren.

Genau wie bei der Barbecue-Sauce gibt es auch unzählige Rezepte für Spare Ribs. Gemeinsam ist den meisten, dass sie eine Grillzeit von 5–6 Stunden veranschlagen. Ich habe mich für dieses entschieden, weil es relativ schnell geht und trotzdem lecker schmeckt.
Pimentón de la Vera wird aus geräucherten Paprikaschoten hergestellt, was ihm ein ganz besonderes Aroma verleiht. Wenn Sie keinen bekommen, nehmen Sie einfach ein wenig mehr edelsüßen Paprika.

Ein bei uns unterschätzter amerikanischer Klassiker:

Cole Slaw

Für 4–6 Personen

1 Kopf Weißkohl
3 Karotten
4 EL Olivenöl
1 TL Mehl
100 ml Sahne
Salz, schwarzer Pfeffer aus der Mühle
2 EL Zucker
1 TL Senf
1 Spritzer Tabasco
4 EL Essig
1 Eigelb

Den Kohl und die Karotten fein hobeln.
In einem großen Topf das Öl erhitzen. Das Mehl hineinstreuen und auf kleiner Flamme andünsten, mit der Sahne ablöschen, Salz, Pfeffer, Zucker, Senf, Tabasco und Essig hinzufügen und verrühren. Das Eigelb verquirlen und ebenfalls dazugeben. Weiterköcheln lassen und dabei gut rühren, bis das Dressing leicht eingedickt ist. Abkühlen lassen und nochmals abschmecken.
Den Salat mit dem Dressing mischen und unbedingt einige Stunden im Kühlschrank durchziehen lassen.

Sandras Getränketipp

Ich empfehle einen gehaltvollen Cabernet Sauvignon, die in Kalifornien wohl häufigste Rebsorte. In ihm finden sich Aromen von schwarzen Johannisbeeren und Nadelhölzern, manchmal auch Eukalyptus und Minze. Er ist schnell zugänglich, man öffnet die Flasche, grillt nebenbei, und bis zum Essen hat sich seine Aromenvielfalt wunderbar entwickelt.

Brownies mit extra viel Schokolade

Für 12 Stück
125 g Zartbitterschokolade
75 g Butter
2 Eier
1 Prise Salz
150 g Zucker
1 Beutel Vanillezucker
5 Tropfen Mandelaroma
125 g Mehl
1 TL Backpulver
75 g weiße Schokolade, gehackt
100 g Vollmilch-Kuvertüre

Eine eckige Kuchenform von 20 x 20 cm oder eine kleine Springform ausfetten. Den Backofen auf 180 Grad vorheizen.
Die Zartbitterschokolade mit der Butter in einem Topf schmelzen lassen.
Die Eier mit Salz, Zucker, Vanillezucker und Mandelaroma schaumig rühren, dann die Schokoladen-Butter-Mischung darunterrühren.
Das Mehl sieben und zusammen mit dem Backpulver und der gehackten weißen Schokolade unter die Schokoladenmasse heben. Den Teig in die Kuchenform füllen und im vorgeheizten Backofen etwa 25–30 Minuten backen. Herausnehmen und die Kuvertüre mit einer groben Reibe darüberraspeln.
Den Teig in Quadrate von etwa 4 x 4 cm schneiden.

Klassisch werden Brownies natürlich im Ofen gebacken. Wir haben aber den Versuch gemacht, sie im geschlossenen Grill bei mittlerer Hitze zuzubereiten, und es hat funktioniert. Damit die Brownies aber auch richtig durch werden, sollte man auf alle Fälle kleinere Förmchen in der Größe von Souffléförmchen verwenden. Die Backzeit bleibt sich gleich.

Apple Pie

Für 8 Personen

Für den Teig:

375 g Mehl
1 Prise Salz
200 g kalte Butter
1 Ei
6 EL kaltes Wasser

Für die Füllung:

6–8 Äpfel
2 EL Zitronensaft
2 EL Ahornsirup
100 g brauner Zucker
1 EL Speisestärke
1 TL Zimt
1 Msp. Muskatnuss
1 Msp. Nelkenpulver
1 EL Butter

Für den Teig das Mehl mit dem Salz mischen. Die Butter in kleinen Stücken dazugeben und mit einer Gabel zerdrücken, bis eine bröselige Mischung entstanden ist. Das Ei mit dem kalten Wasser vermengen und schnell mit der Gabel unter die Mehlmischung rühren. Den Teig noch ein paar Mal rasch durchkneten, dann in zwei Portionen teilen, diese zu Kugeln formen und etwa 30 Minuten kalt stellen.

Mit der einen Teighälfte eine gut eingefettete Kuchenform auskleiden. Aus der anderen Hälfte mit Hilfe eines Nudelholzes einen Deckel für den Pie ausrollen.

Den Backofen auf 225 Grad vorheizen.

Die Äpfel schälen, entkernen und in Schnitze schneiden. Die Apfelstückchen mit Zitronensaft, Ahornsirup, Zucker, Speisestärke und den Gewürzen mischen. Dann die Füllung in die vorbereitete Form schichten und einige Butterflocken daraufsetzen. Den Teigdeckel darauflegen und am Rand festdrücken. Mit etwas Butter bestreichen und mit etwas Zucker bestreuen. Mit einer Gabel einige Löcher in den Teigdeckel stechen.

Den Kuchen im Ofen zuerst bei 225 Grad 10 Minuten backen, dann die Hitze auf 180 Grad reduzieren und weitere 40–45 Minuten backen. Den fertigen Apple Pie kann man lauwarm oder kalt essen. Serviert wird er am besten mit Sahne oder Vanilleeis.

FIESTA MEXICANA

»Fiesta, Fiesta Mexicana – heut geb' ich zum Abschied für alle ein Fest ...« Zugegeben, diesen Schlager kennt in Mexiko keiner, aber feiern können die Mexikaner, und dazu gehören Tortillas, Salsa und Carne Asada, was übrigens nichts anderes heißt als gegrilltes Fleisch. Den Tequila dazu gibt es natürlich nur zur besseren Verdauung ...

Aus einem vierwöchigen Urlaub wurde bei mir ein zweijähriger Aufenthalt in Mexiko. Der Liebe wegen. Aus der ist dann doch nichts geworden, aber geblieben sind recht solide Spanischkenntnisse, viele Rezepte und die Erkenntnis, dass mexikanische Küche wenig mit dem zu tun hat, was uns Restaurants mit wohlklingenden Namen wie »La Cucaracha« oder »El Sombrero« vormachen wollen.

Tacos de Carne asada Tortillas mit gegrilltem Steak

Für 6–8 Personen

1 kg Flanksteak vom Rind
2 Limetten, Saft
4 EL Sojasauce
schwarzer Pfeffer aus der Mühle
Salz
12–16 Tortillas de maiz (fertig gekauft oder siehe Seite 186)

Die Limetten auspressen und den Saft mit der Sojasauce und dem schwarzen Pfeffer vermischen. Das Flanksteak waschen und mit Küchenkrepp abtupfen.
Das Fleisch mit einer Gabel mehrmals einstechen, in die Marinade legen und für einige Stunden im Kühlschrank ziehen lassen.
Das Fleisch aus der Marinade nehmen und kurz abtropfen lassen. Mit Salz und schwarzem Pfeffer würzen und bei starker Hitze ca. 5 Minuten auf jeder Seite grillen. Nach dem Grillen für etwa 10 Minuten in Alufolie eingewickelt ruhen lassen.
Die Tortillas kurz auf den Grill legen und warm werden lassen. Das Flanksteak quer zur Faser in Streifen schneiden und in den Tortillas servieren.

Dazu noch Salsa Roja, Guacamole, Zwiebeln und ein bisschen frischer Koriander. Fertig ist der perfekte Taco!
Das Flanksteak ist in Europa nicht besonders bekannt. Leider, denn es ist hervorragendes Grillfleisch und in Mexiko fester Bestandteil eines jeden Grillabends.

Tortillas de maiz

Für 12–15 Stück
300 g Maismehl
1/2 TL Salz
200 ml lauwarmes Wasser

Die Zutaten in einer Schüssel vermengen und so lange kneten, bis eine homogene Masse entstanden ist. Zu einer glatten Teigkugel formen und mit einem Tuch zugedeckt 30 Minuten ruhen lassen.
Den Teig in 12–15 Portionen teilen, diese zu Kugeln formen und dünn ausrollen oder mit einer Tortillapresse flach drücken.
Eine beschichtete Pfanne ohne Fett erhitzen und die Tortillas darin von jeder Seite etwa 2 Minuten backen. Wenn die Ränder trocken aussehen und sich die Tortilla in der Mitte leicht wölbt, ist sie fertig. Zum Warmhalten in ein Tuch einschlagen.

Tortillas de harina

Für 10 Stück
300 g Weizenmehl
1 TL Salz
1 TL Backpulver
1 EL Pflanzenfett (z. B. Palmin)
120 ml kaltes Wasser

Sämtliche trockenen Zutaten vermischen, das Pflanzenfett dazugeben und gut einarbeiten. Nun so viel Wasser hinzufügen, bis ein fester Teig entstanden ist. Diesen gründlich kneten, bis er sehr geschmeidig ist.
Den Teig in 10 Portionen teilen und diese dünn ausrollen. Eine beschichtete Pfanne ohne Fett erhitzen und die Tortillas darin von jeder Seite 1 Minute backen, bis sich kleine braune Blasen zeigen. Zum Warmhalten in ein Tuch einschlagen.

Die Zubereitung einer größeren Menge Tortillas ist relativ zeitaufwendig. Deshalb macht auch kaum eine mexikanische Hausfrau ihre Tortillas selbst, sondern kauft sie fertig. Aufgewärmt werden sie dann in der Pfanne oder manchmal sogar in der Mikrowelle.
Aus dem Teig für Maistortillas kann man auch »Gorditas« (Dickerchen) herstellen. Sie haben nur einen Durchmesser von etwa 5 cm, sind dafür aber einen halben Zentimeter dick und innen noch ganz weich.

Mexikanische Mahlzeiten haben drei Hauptbestandteile: Tortillas, Frijoles (Bohnenmus) und Salsa. Es gibt unzählige Varianten von Salsas, mit vielen verschiedenen Chilisorten zubereitet: von mild über mittelscharf bis zu einer Schärfe, die einem die Tränen in die Augen treibt.

Salsas

Salsa roja

3 Tomaten
1 Gemüsezwiebel
1 Knoblauchzehe
250 ml Wasser
2–3 rote Chilis
1/2 TL gekörnte Gemüsebrühe
1/2 TL Kümmel
Salz

Salsa verde

5 große grüne Tomaten (Tomatillos)
2 Zwiebeln
250 ml Wasser
2 grüne, milde Chilis
1/2 TL gekörnte Gemüsebrühe
Salz

Salsa chili chipotle

3 Tomaten
1 Gemüsezwiebel
1 Knoblauchzehe
250 ml Wasser
2 Chili chipotle
Salz

Die Zubereitung dieser drei Varianten von Salsa ist immer gleich: Von den Tomaten den Strunk, von den Chilis den Stiel entfernen, Zwiebeln und Knoblauchzehen schälen. Alle Zutaten in einem Topf zum Kochen bringen und rund 20 Minuten leicht köcheln lassen. Wenn die Zwiebel weich ist, den Topf vom Herd nehmen und alles abkühlen lassen. Dann im Mixer pürieren und falls nötig nochmals mit Salz abschmecken.

Salsa aus grünen Tomaten schmeckt leicht säuerlich und ist milder als rote Salsa. Grüne Tomaten sind übrigens nicht einfach unreife Früchte, die noch nicht rot geworden sind (die wären nämlich bei übermäßigem Verzehr gar nicht unbedenklich); es handelt sich vielmehr um eine eigene Sorte, die spanisch »Tomatillos« heißt. Bei uns kaufen Sie sie am besten in Dosen in der Spezialitätenabteilung eines gut sortierten Supermarkts oder bei Anbietern mit mexikanischen Spezialitäten im Internet.
Und wenn Sie schon dabei sind, kaufen Sie doch auch gleich noch ein paar Dosen mit eingelegten Chili chipotle. Diese Chiliart ist geräuchert und getrocknet, um sie haltbar zu machen – ein Verfahren, das ihr den unverwechselbaren rauchig-süßen Geschmack verleiht, wobei auch hier die Schärfe nicht zu kurz kommt.

VERDE
ROJA

Guacamole

1 reife Avocado
½ Limette, Saft
2 EL Crème fraîche
Salz, schwarzer Pfeffer aus der Mühle
1–2 EL Korianderkraut, gehackt

Die Avocado schälen, das Fruchtfleisch in kleine Stücke schneiden und mit einer Gabel zerdrücken. Limettensaft und Creme fraîche darunterrühren. Mit Salz und Pfeffer abschmecken und mit etwas frischem Koriander bestreuen.

Über die Zubereitung von Guacamole kann man sich streiten. Es gibt Varianten mit Crème fraîche und ohne, mal wird die Avocado fein püriert, mal wird sie nur klein geschnitten und mit Tomatenstücken vermischt. Jeder wie er mag.

Grillzwiebeln

Pro Person 1 Gemüsezwiebel
etwas Olivenöl
Salz

Die Zwiebeln nicht schälen, sondern nur oben kreuzförmig einschneiden. Ein paar Tropfen Olivenöl in die Einschnitte geben und mit etwas Salz bestreuen. Die Zwiebeln einzeln in 2–3 Lagen Alufolie wickeln.
Die Zwiebelpäckchen direkt in die Glut legen und dort 20 Minuten garen. Gelegentlich wenden. Die heißen Päckchen vorsichtig öffnen und die Zwiebeln von der Schale befreien

Oh, wie habe ich diese Grillzwiebeln geliebt. Sie liegen an jedem Tacostand in der Glut und werden auf Wunsch zu den Tacos serviert.

Hähnchenschenkel mit Chili und Limone

Für 4 Personen
4 Hähnchenschenkel
Salz, schwarzer Pfeffer aus der Mühle
2 Limetten, Saft
2 rote Chilis
3 EL Chiliflocken

Die Hähnchenschenkel waschen, abtrocknen und an der dicksten Stelle einschneiden. Mit Salz und Pfeffer einreiben und in eine Schale legen. Mit dem Limettensaft übergießen. Die Chilis in Ringe schneiden und zusammen mit den Chiliflocken über die Hähnchenschenkel streuen. Im Kühlschrank einige Stunden in der Marinade ziehen lassen.
Die Hähnchenschenkel aus der Marinade nehmen. Bei direkter Hitze von allen Seiten angrillen, dann bei indirekter Hitze im geschlossenen Grill etwa 20 Minuten fertig garen.

Quesadillas

Für 4 Personen
200 g Manchego oder Gouda
4 Tortillas aus Weizenmehl

Den Käse reiben. Die Tortillas zur Hälfte mit Käse bestreuen und zusammenklappen. Die Quesadillas an den Rand des Grills legen und regelmäßig wenden. Wenn der Käse geschmolzen ist und die Tortillas außen knusprig sind, können sie serviert werden.

Manchego ist der Originalkäse. Er ist nicht immer zu bekommen, aber auch nicht so spektakulär, dass es ohne ihn nicht ginge. Falls Sie ihn nicht bekommen, nehmen Sie einfach Gouda. Funktioniert genauso.

Garnelen mit Knoblauch

Für 4 Personen
12 Biogarnelen
3 große Knoblauchzehen
2 EL Olivenöl
grobes Meersalz
Limettensaft zum Beträufeln

Die Garnelen waschen und abtrocknen.
Die Knoblauchzehen mitsamt der Schale auf den Grill legen und rösten.
Die gegrillten Knoblauchzehen schälen und im Mörser zerquetschen, mit Olivenöl und etwas Meersalz verrühren.
Die Garnelen auf den Grill legen und von beiden Seiten etwa 3 Minuten grillen. Mit etwas Limettensaft beträufeln und mit dem Knoblauchdip servieren.

Gegrillte Ananas

Für 4–6 Personen
1 reife Ananas
1 Limette, Saft
4–5 EL brauner Zucker
½ TL Zimtpulver

Die Ananas schälen und in gleichmäßige Scheiben schneiden. Die Ananasscheiben auf den Grill legen und mit etwas Limettensaft beträufeln. Nach Belieben mit Zucker oder Zimtzucker bestreuen. Immer wieder wenden, bis der Zucker leicht karamellisiert und die Ananas goldbraun ist.

Gegrillte Ananas ist ein unglaublich einfaches, aber leckeres Dessert. Ihrer Fantasie sind auch hier keine Grenzen gesetzt. Honig darauf, Kokosstreusel, geraspelte Schokolade oder Chiliflocken – aber natürlich sollte es nur ein Hauch von Chili sein.

Sandras Getränketipp

Es muss nicht immer Wein sein. Ein gut gekühltes, mexikanisches Bier, mit einem Zitronenschnitz im Flaschenhals, hält sich gut in der Hand und passt einfach perfekt zum Grillen. Und nach dem Essen gibt es einen Tequila Sunrise.

Tequila Sunrise

4 cl Tequila
1 cl Orangensaft
1 cl Zitronensaft
1 Eiswürfel
2 cl Grenadinesirup

Tequila, Orangensaft und Zitronensaft in einem Longdrinkglas kräftig verrühren. Den Eiswürfel dazugeben und den Grenadinesirup langsam ins Glas laufen lassen. Fertig!

Schokoladenfondue vom Grill

Für 4–6 Personen

200 g feine Zartbitterschokolade
kleine Bananen
Papaya
Trauben
Erdbeeren

Die Schokolade klein hacken und in ein feuerfestes Töpfchen geben. Den Topf bei Restwärme auf den Grill stellen und die Schokolade schmelzen lassen.

Das Obst waschen und abtrocknen. Größeres Obst in mundgerechte Stücke schneiden. Wenn die Schokolade geschmolzen ist, den Topf vom Grill nehmen und das Obst in die flüssige Schokolade tunken.

Schokolade – wer hat's erfunden? Die Mexikaner natürlich! Damals hieß es allerdings noch Xocóatl; war zwar auch aus Kakaobohnen, aber mit unserer heutigen Schokolade hatte es noch nicht viel zu tun. Ob die Azteken je auf die Idee gekommen sind, Obst in Schokolade zu tauchen, ist nicht bekannt. Aber sie tranken ihre Xocóatl gerne mit Gewürzen. Probieren Sie das ruhig auch einmal: Eine Prise Zimt, Muskat, Vanille oder auch Cayennepfeffer zur Schokolade, und Sie haben ein ganz neues Geschmackserlebnis.

DANKE

Mein Dank gilt:
- meiner lieben Freundin Sandra für die Getränketipps.
- Sabine und Franz für ihren ambitionierten Einsatz beim gemeinsamen Würstchenexperiment.
- Anne für die Spitzenidee zum Brezenspieß.
- allen Freunden und Verwandten, die immer brav gegessen, kritisiert und gelobt haben.
- Sabine und Ulrike für die tolle, witzige und produktive Zusammenarbeit – ich freue mich schon auf unser nächstes gemeinsames Projekt.
- und natürlich Michi fürs fleißige Grillen und meinen Mädels fürs tüchtige Essen.

Silke Kobr

Wir möchten den vielen lieben Menschen danken, die uns unterstützt und geholfen haben. Zuallererst natürlich unseren Assistenten im Studio, Lionel Wiesskirchen und Hannah Gorkenant.
Danke auch an unsere Familien, die so fleißig mit uns angeheizt, gekocht, probiert und vor allem gefeiert haben: Stefan, Felix und Laura Schmid, Sven, Jonas, Tino und Ida Mader.
Vielen Dank ebenso unseren Freunden, die zum Feiern kamen und bei denen wir zum Grillen eingeladen waren: Nico, Jörg, Hannah und Paul Gorkenant, Claudia und Hako Frisch, Stephan Hubel und Eva und Jürgen. Danke Pit Christian für die wunderbaren Pastistomaten! Danke auch Michi, Paulina und Annabel, die uns stets gut gelaunte Modelle waren.
Ein besonderer Dank geht an die Autorin Silke Kobr, mit der wir das Konzept dieses Buches entwickelt und die Bilder realisiert haben. Es war eine sehr schöne und kreative Zusammenarbeit.
Vielen Dank an Nicola Gorkenant, unsere Grafikerin, die mit sehr viel Liebe zum Detail die Fotos mit dem Text und ihren wunderschönen Linoldrucken zu einem Buch zusammengefügt hat.
Besonderen Dank möchten wir auch unserem Verleger Urs Hunziker aussprechen, der uns mit großer Kompetenz immer sehr konstruktiv geleitet und unterstützt hat.

Sabine Mader
Ulrike Schmid

Silke Kobr, geboren in Weißenburg in Bayern, studierte Germanistik und Geografie. Während eines mehrjährigen Aufenthalts in Mexiko entdeckte sie ihre Liebe zur landestypischen Küche, und aus dem leidenschaftlichen Hobby Kochen wurde allmählich ein zweiter Beruf: Neben ihrer Arbeit als Lehrerin ist sie als Kochbuchautorin und Foodstylistin tätig. Sie lebt mit ihrem Mann, dem Krimiautor Michael Kobr, und ihren beiden Töchtern im Allgäu.
Mit Sommelière Sandra Tober, von der die Getränketipps stammen, ist sie seit ihrer Schulzeit eng befreundet.

Ulrike Schmid und **Sabine Mader,** arbeiten seit Jahren als Team im gemeinsamen Fotostudio *Fotos mit Geschmack* vor den Toren Münchens. Einer der Schwerpunkte ihrer Arbeit ist die Tageslichtfotografie. Ihre Bücher wurden mehrfach ausgezeichnet.
Ebenfalls von ihnen fotografiert ist das im AT Verlag erschienene Buch »Wilde Küche« von S. Fischer-Rizzi.

www.fotos-mitgeschmack.de

REZEPTVERZEICHNIS

Fleisch und Wurst

Fisch und Meeresfrüchte

Gemüse, Beilagen, vegetarische Gerichte

Saucen, Dips & Co.

Nachspeisen

AT Verlag, Aarau und München
Fotos: Sabine Mader und Ulrike Schmid,
www.fotos-mitgeschmack.de
Gestaltung, Satz und Illustrationen: Nicola Gorkenant,
Grafik & Design, Starnberg
Bildaufbereitung: Vogt-Schild Druck, Derendingen
Druck und Bindearbeiten: Offizin Andersen Nexö, Leipzig
Printed in Germany

ISBN 978-3-03800-679-4

www.at-verlag.ch